Début d'une série de documents
en couleur

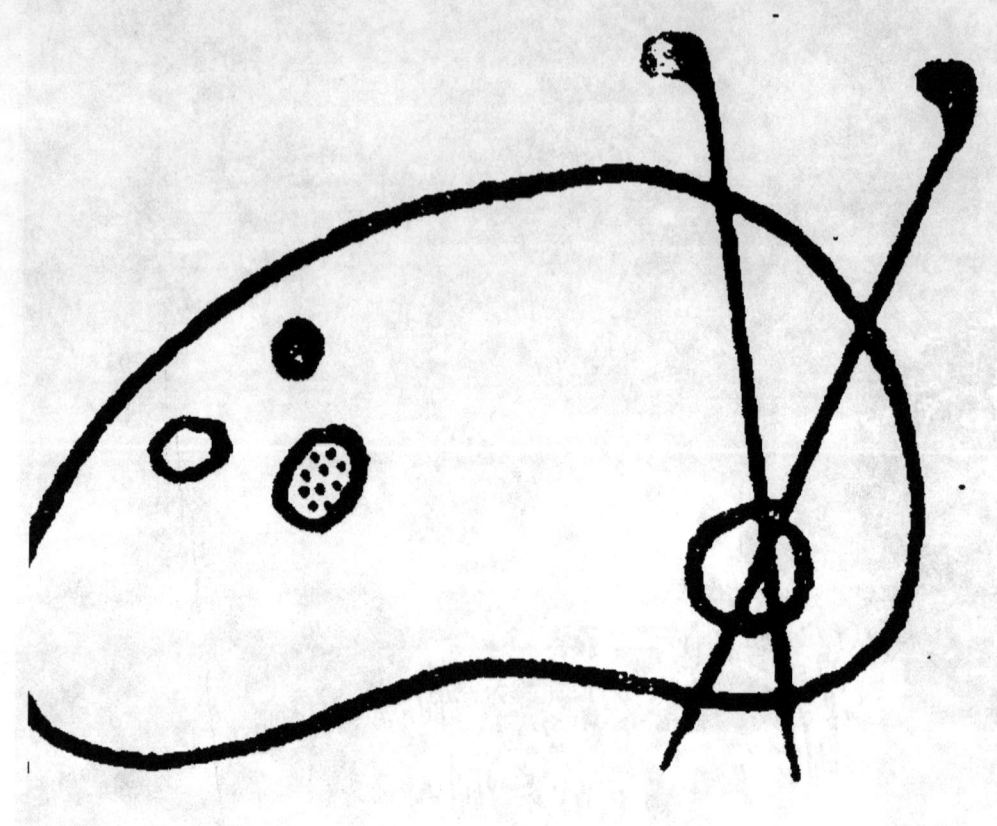

Fin d'une série de documents en couleur

THEATRE
DE M. ANSEAUME,

OU RECUEIL

Des Comédies, Parodies & Opera-Comiques qu'il a donnés jusqu'à ce jour,

Avec les Airs, Rondes & Vaudevilles notés dans chaque Pièce.

TOME SECOND.

A PARIS,

Chez la Veuve DUCHESNE, Libraire, rue S. Jacques, au Temple du Goût.

___

M. DCC. LXVI.

Avec Approbation & Privilége du Roi.

TABLE

Des Pièces contenues dans ce Volume.

LA FAUSSE AVENTURIERE.
LE DOCTEUR SANGRADO.
LE MÉDECIN DE L'AMOUR.
CENDRILLON.
L'IVROGNE CORRIGÉ.
LE SOLDAT MAGICIEN.

Fin de la Table de ce Volume.

LA FAUSSE AVENTURIERE,

OPERA-COMIQUE,

EN DEUX ACTES,

Mêlé d'Ariettes.

Par Mrs. ANSEAUME & DE MARCOUVILLE.

Représenté pour la première fois sur le Théâtre de la Foire Saint Germain, le Mardi 22 Mars 1757.

Le prix est de 24 sols, avec la Musique.

A PARIS,

Chez DUCHESNE, Libraire, rue Saint Jacques, au-dessous de la Fontaine Saint Benoît, au Temple du Goût.

M. DCC. LVII.

Avec Approbation & Privilége du Roi.

ACTEURS.

AGATHE, *mariée secrettement à Valere.*   Mlle. Baptiste.

CHRISANTE, *Vieillard.*   M. de la Ruette.

VALERE, *fils de Chrisante.*   M. Roziere.

JULIEN, *Jardinier.*   M. Bouret.

La Scene est à la Maison de Campagne de Chrisante.

LA FAUSSE AVENTURIERE,

OPERA-COMIQUE EN DEUX ACTES.

ACTE PREMIER.
SCENE PREMIERE.
CHRISANTE, VALERE.

CHRISANTE *en colere.*

AIR : *Sans fin, fans cesse.* Noté N°. 1.

OURS à ta Belle,
Va, fils ingrat,
Va, scélérat :
De tes amours
Va, suis le cours;

Mais de mon bien
N'attends plus rien.

Ironiquement.
Mais le mal n'eſt pas grand,
Près d'un objet charmant,
Un cœur fidele
Eſt trop content.
Comment, comment, dans ta cervelle,
As-tu penſé,
Fils inſenſé ?
A quoi,
Dis-moi,
Dans ta cervelle
As-tu penſé,
Fils inſenſé ?
Prendre ſans bien
Fille de rien !

Ironiquement.
Mais le mal n'eſt pas grand,
Près d'un objet charmant,
Un cœur fidele
Eſt trop content.
Quand la miſere
Le tiendra,
Qu'il entendra
Pleurer l'enfant avec la mere,
A mes genoux mon fils rampant,
En ſuppliant,
En ſoupirant,
Viendra, diſant :
Ecoutez moi,
Pardonnez-moi.
Moi ? Non, non ; arrange-toi.
Cours à ta Belle, &c.

VALERE.
Air : *Constantin buvoit toujours.*
Hé ! quoi ! n'avez-vous jamais
De la beauté connu les attraits ?
Hé ! quoi ! n'avez-vous jamais
D'amour senti les traits ?
CHRISANTE.
Ah ! l'Amour doit envain faire entendre sa voix,
Quand la raison nous dicte un choix.
VALERE.
Hé ! quoi ! n'avez-vous jamais, &c.
Air : *Le vieux Docteur Blaise.*
Est-ce donc un crime
De suivre un penchant légitime,
Surtout quand l'objet
Mérite en effet
Le pas que l'on fait ?
L'Epouse que j'aime
Vous auroit enchanté vous-même :
A tant de beauté,
Votre cœur flatté,
N'eût jamais résisté.
CHRISANTE.
Air : *Oui, vous en feriez la folie.*
Moi ! J'aurois fait cette folie !
VALERE.
Oui, vous auriez vous-même adoré ses attraits :
Oui, par eux votre ame attendrie
M'eût envié
Les doux nœuds dont je suis lié.
CHRISANTE.
Non, non, je me connois,
Je sçais braver ces dangereux objets ;
Mais si jamais

J'en eusse fait la folie,
On auroit ri de moi,
Comme je ris de toi.

Il veut sortir.

VALERE *le poursuivant.*

Air : De L'*Andante* de l'ouverture du Diable à Quatre.

Je fléchirai votre cœur,
Ou je mourrai de douleur.
Hé ! quoi ! mon pere
Veut faire
Mon malheur !
Encor un mot.

CHRISANTE.

Tais-toi, sot.

VALERE.

Un seul mot.

CHRISANTE.

Hé ! bien, ce mot
Est-ce sa dot ?

VALERE.

Vous ne songez donc qu'au bien ?
Regardez-vous comme rien,
Grace, jeunesse,
Noblesse,
Sagesse,
Que vous faut-il de plus ?

CHRISANTE.

Des écus. (bis.)

Il sort.

SCENE II.
VALERE *seul.*

Air : *Non, non, non, Clarice.*

Juste Ciel !
Le cruel
M'évite :
Mon défespoir
N'a pû l'émouvoir.
Juste Ciel !
Le cruel
Me quitte
Sans s'émouvoir !
C'est à lui que je dois le jour :
Je dois mon bonheur à l'Amour ;
Mon pere envain veut me forcer
D'y renoncer.
Non, non, cette loi
Est pour moi
Trop dure,
Tant de rigueur
Irrite mon cœur :
Couronnez une ardeur
Si pure,
A ce feul prix
Je ferai foumis ;
Mais s'il faut devenir parjure,
Je ne le puis.

SCENE III.
VALÈRE, JULIEN.

JULIEN.

HE! bian, Monsieur, m'est avis que not'vieux maître sort d'avec vous; car je vians de l'voir passer par le jardin. Voir'ment, j'l'avons échappé belle!

AIR : *Babet, que t'es gentille!*

J'étions dans cet instant
Avec cette poulette,
Que vous chérissez tant,
Si belle & si bian faite;
Je nous promenions,
Et je devisions
Sur le fait d'amourette,
Quand un bruit j'avons entendu,
Et j'ons le vieillard apparçu ;
Mais aussitôt all'a couru,
Tout droit à sa cachette,
Au fond de sa chambrette.

Oh dame! j'l'avons renfermée là avec not'femme, comme je f'sons depuis deux jours qu'vous êtes ici. Cependant vot'pere parloit tout seul, & j'ons opignion qu'il étoit de mauvaise himeur. Que vous en semble?

VALERE.

Cela n'est que trop vrai, mon pauvre Julien, mon pere est inéxorable; & je suis au désespoir.

JULIEN.

Faut pas d'ça, ça ne vaut rian.

AIR: *Beviam', o Dori.*

Dans un tems contraire
Faut toujours avoir du cœur :
Qui se désespere
N'a point de vigueur.
Drès qu'la chance veut se retorner,
Par son sçavoir faire,
Au lieu de s'en étonner,
Faut la ramener.

VALERE.

Que veux-tu que je fasse ? mon pere ne veut rien entendre.

AIR: *Si ride amore.*

Dans cet entretien,
J'ai crû pour ma flâme
Attendrir son ame ;
  Espoir trop vain !
Son cœur infléxible,
Dur, insensible,   (*bis.*)
N'accorde rien.

Je n'ai plus de ressource ; j'ai tout épuisé.

JULIEN.

... Bon! vous v'là vous autres : un rian vous renverse, ça s'passera. Eh! où est donc le mal? On voit un minois genti; on est jeune, ça nous tente ; on voudroit bian l'avoir ;

pour ça faut époufer. Le pere eft loin ; on eft preffé ; on s'en paffe : il viant à le fçavoir ; il tempête ; on le laiffe crier.

VALERE.

Oui, fi j'en étois quitte pour des reproches ; mais je fuis desherité.

JULIEN.

Ah ! v'là l'pis ; car pour c'qu'eft d'ça, ç't'héritage-là étoit bel & bon : mais patience ; vot'pere n'eft pas encore défunt ; & m'eft avis qu'on pourroit le faire changer de fon vivant ; car entre nous,

AIR : des Trembleurs.

C'eft une bonne parfonne ;
Mais par fois il déraifonne,
Et fort aifément il donne
Dans le plus groffier panniau :
Quoique têtu comme mule,
Sot, avare, & ridicule,
Il eft facile & crédule.
J'attraperons cet oifiau.

T'nez, laiffez-nous faire ; gn'a qu'fon avarice qu'eft la pus tenace de toutes.

VALERE.

Et voilà la fource de mes malheurs. Je fçais que le bien feul le touche ; & ma chere Agathe, quoique d'une famille honnête....

JULIEN.

All'eft charmante. All'vaut tous les biens du monde.

VALERE *tristement.*

AIR: *Nous sommes Précepteurs.*

Amour, les plus cruels tourmens
Sont les nœuds qui forment ta chaîne:
Le plus tendre des sentimens
Devroit il causer tant de peine?

JULIEN.

Allons, Monsieur, relevez-vous: faites une seconde attaque à vot'pere; vous vous laissez battre drès le premier choc.

AIR: *Il faut l'envoyer à l'école.*

Soyez ferme, ayez du soutien,
Faut-il donc manquer, à votre âge,
De courage?
Sans risquer, on n'attrape rien.

VALERE.

Tant de cruauté me désole,
Je crains trop un nouvel assaut.

JULIEN *à part.*

Le nigaud!
Il faut l'envoyer à l'école.

AIR: *On voit dès le deuxième.*

D'une moitié charmante
Allez prendre leçon:
Alle est fine, agissante,
Alerte, entreprenante.
Par son esprit agile,
Son air & sa façon,
Alle rendra docile
Un vieillard imbécille.
Souvent par la souplesse,
A son gré tout d'abord
On peut faire changer le sort;
Tout dépend de l'adresse.

Mais t'nez, la v'là qui viant à nous. Vous allez voir comme all'va le r'virer. Pour moi j'en raffolle. C'est bian la plus rufée commere.....

VALERE.
A quoi s'expose-t-elle de paroître ainsi ?

JULIEN.
Allez, allez, all'sçait bian c'qu'all'fait.

SCENE IV.

AGATHE, VALERE, JULIEN.

AGATHE.
AIR: *Già rie de prima vera.*

Hé ! bien, cher époux,
Qu'obtiendrons-nous ?
Quel succès a notre flâme ?
Vous vous taifez,
Vous soupirez,
Vous défesperez
Mon ame.
Hé ! quoi !
Parlez-moi,
De bonne foi.
Mais vous gémissez ;
Vos yeux baissés
Loin de moi sont fixés.
Quelle douleur !

Ah ! quel malheur
Afflige votre cœur !
VALERE.
Triste retour
Pour notre amour !
Funeste jour !
Ce lien
Qui fait mon bien,
Est sans soutien.
Mon pere, à mes yeux,
Aigri, furieux,
Déteste nos nœuds ;
Et dans son courroux
Frappe les derniers coups.
Trop haï,
Je suis puni ;
Et de chez lui
Banni.
De son bras,
Que n'ai-je, hélas !
Eu plutôt le trépas !
Dans mon désespoir, (*bis.*)
J'aurois mieux aimé cent fois le recevoir.
AGATHE.
Que m'annoncez-vous ? Le cruel !

AIR : *De tous les Capucins du monde.*
Ah ! la Nature dans son ame
Devroit faire approuver la flâme
Dont nous avons senti les coups :
Fortune, quel est ton caprice !
L'intérêt cause son courroux,
Notre crime est son avarice.

JULIEN.

Ah! que c'est bian dit! vous l'avez deviné : c'est ly tout craché.

AGATHE.

AIR : *Menuet nouveau.*

Dans un cœur paternel,
Toujours la tendresse
Pardonne à la foiblesse
D'un enfant criminel.

JULIEN.

Ces vieux ont l'ame dure,
Ils s'attendrissent peu ;
Et chez eux la Nature
N'a pas beau jeu.

AGATHE.

Allons, mon cher Valere ; il faut nous consoler ; vous m'aimez, je vous aime ; nous ne sommes pas tant à plaindre.

VALERE.

AIR : *Dieux, qu'elle est belle!*

Je vous adore,
Et mon malheur
Augmente encore
Ma tendre ardeur.

JULIEN *l'interrompant.*

V'là qu'est bel & bon ; mais il faut charcher du remede ; c'est le plus pressé.

AGATHE.

Julien a raison ; il faut faire un nouvel effort.

JULIEN.

V'là parler ça. Allons, Madame, une

bonne résolution, queuque pièce bian rusée. La.... Faites danser le bon-homme.
AGATHE.
Oui, j'y suis déterminée.

AIR: *Se tu m'ami.*

Je lui veux en ce jour
Jouer quelque tour,
Pour le succès de notre amour.
(*à Valere.*) En faveur de l'objet
De ce malin trait
Vous approuverez le projet.
D'employer tout laissez-moi la maîtresse,
Tout est permis pour servir sa tendresse.
Si sans cesse
La vieillesse
A nous trahir ne veut que s'occuper,
L'avantage
Du bel âge
Est de pouvoir aisément la duper.

JULIEN *avec transport.*

AIR: *Mets ta main là.*

V'là d'l'esprit ça. Morgué qu'all'est subtile !
Ça va tout seul, gn'a qu'à la mettre en train.
Jarni ! Pour attraper que n'suis-je plus habile !
Dans ce mic-mac, pour vous prêter la main,
Je ferions de bon cœur la moitié du chemin.

VALERE.

Je crains bien que tous vos efforts ne soient inutiles.

JULIEN.

Hé bian ! n'vous v'là-t-il pas avec vos
(*à part.*)
tremblemens ? Il a toujours peur. Par la

jarni d'un homme comm'çà! A quoi c'eſt-il bon?

Air : Ne puis-je ſçavoir comme ?

Si vous êtes ſi frêle,
Hé! qui vous ſoutiendra ?
Drès qu'Madame s'en mêle,
Tout à bian tournera.
(*à part.*)
Ah ! ah ! ah ! Qu'il eſt novice,
Ça n'a ni force, ni ſarvice,
Un rien l'abattra.   (*bis.*)

AGATHE.

Eſpérez tout de mon amour, moncher Valere ; c'eſt lui qui m'inſpirera. Doutez-vous de mes ſentimens ?

VALERE.

Non, chere Epouſe, je connois votre cœur.

DUO.

AGATHE.	VALERE.
Oui, je vous aime,	Bonheur extrême !
Ah! croyez que mon cœur	Pour vous mon cœur,
Reſſent la plus vive ardeur.	Reſſent la plus vive ardeur.
De ma tendreſſe,	O douce yvreſſe,
Soyez ſur à jamais :	Dure à jamais :
Nos plaiſirs ſeront parfaits.	Nos plaiſirs ſeront parfaits.
Fortune inconſtante,	A la rappeller
Envain on te vante ;	Si je m'empreſſe encore,
Quand on s'aime bien ;	C'eſt pour en combler
Tout le reſte n'eſt rien.	L'Epouſe que j'adore.
Oui, je vous aime, &c.	Bonheur extrême ! &c.

JULIEN.

OPERA-COMIQUE.

JULIEN.

Les pauvres Enfans ! Comme ils s'aiment ! J'en pleure de joie.

AGATHE.

Mais je crois qu'il est tems de me laisser seule ; votre pere pourroit nous surprendre, il ne faut pas qu'il me soupçonne de vous connoître.

JULIEN.

C'est mon avis.

AGATHE.

Cependant.

Air : *C'est un Enfant.*
Ne vous éloignez pas, Valere,
Je puis avoir besoin de vous,
Tantôt auprès de votre Pere.

VALERE.

Qui, moi ? Je crains trop son courroux.

AGATHE.

Quittez cette crainte.

VALERE.

Ah ! quelle contrainte !

AGATHE.

Laissez-moi faire seulement.

JULIEN *tirant Valere à lui.*

Eh, sans doute. Bon !
Il fait l'enfant !
Il fait l'enfant !
Allons, Monsieur, v'nez prendre l'air dans not' jardin, cela vous dissipera.

B

SCÈNE V.

AGATHE *seule*.

Air : *Infelice ogn'or*.

De la crainte
  Je sens l'atteinte :
Le courage m'abandonne,
  Je frissonne.
Au moment de l'entreprise,
  La surprise
  Glace mon cœur :
Ah ! je tremble de peur.
Amour, viens me secourir,
Sans toi puis-je réussir ?
Que ta flâme m'excite,
  Dans la frayeur
  Qui m'agite.
  Ah ! mon cœur
  Tremble de peur.

Air : *Vous qui du vulgaire*.

Mais il faut vaincre ma foiblesse,
Et je dois à tout m'exposer,
Souvent le succès en tendresse
Couronne qui peut tout oser :
Ce n'est qu'une ame trop commune
Qui céde à la timidité ;
Et l'on voit toujours la fortune
Seconder la témérité.

J'apperçois Chrisante ; laissons-lui le tems d'évaporer sa bile.

SCENE VI.

CHRISANTE *seul.*

NE suis-je pas bien malheureux ? Il y a quarante ans que je travaille pour amasser du bien, je croyois que mon fils marcheroit un jour sur mes traces ; point du tout, il s'avise d'être amoureux, de se marier.... Et avec qui ?.... Je ferois bien casser ce mariage ; mais c'est encore de l'argent qu'il m'en coûteroit. Non, non, il a fait la folie, il la boira tout du long.

AIR: *On ne peut trop tôt*, des Troqueurs. Noté n°. 2.

  Sexe dangereux,
  Trompeur & volage,
  Voilà ton ouvrage ;
  Qui te rend hommage,
  Se rend malheureux. (*bis.*)
  Sur tes pas sans cesse,
  L'espoir du plaisir
  Conduit la jeunesse
  Droit au repentir.
  On forme une chaîne
  Dont on sent la peine,
   Tout à loisir. (*bis.*)
  Le penchant entraîne ;
  Et sans réfléchir

On forme une chaîne
Dont on sent la peine,
 Tout à loisir.   (bis.)
Malgré mes allarmes,
Hélas! à tes charmes
Mon fils s'est rendu, (bis.)
Malgré mes allarmes
Mon fils s'est perdu,
 Il est perdu.   (bis.)

Sexe dangereux, &c.

SCENE VII.

AGATHE *en Dorimant*, **CHRISANTE**.

AGATHE.

(*à part.*)

Voyons si sa colere lui permettra de m'écouter.

CHRISANTE.

(*sans la voir.*)
A son âge, faire une telle sottise!

AGATHE *à part*.

Oh! Nous verrons, si vous serez plus sage.

CHRISANTE.

(*à part.*)
L'étourdi!

AGATHE.

(*à part.*)
Il ne finira pas, si je ne l'interromps,
(*haut.*) Monsieur....

CHRISANTE.

(*à part.*)
L'extravagant !

AGATHE.

Monsieur.....

CHRISANTE.

(*à part.*)
Le......

AGATHE.

Monsieur....

CHRISANTE *brusquement.*

Hé bien ! que me voulez-vous ?

AGATHE.

(*à part.*)
Mon beau pere est un peu brutal.

CHRISANTE.

Dites-donc ce que vous voulez.

AGATHE.

Air : *Des Folies d'Espagne.*
Souffrez hélas ! qu'une jeune étrangere
De vos bontés implore le secours.

CHRISANTE.

Voyons, en quoi vous suis-je nécessaire ?

AGATHE.

Monsieur.....

CHRISANTE.

Madame, abrégeons les discours.

AGATHE.

à part.)

Encore ! essayons si son ame seroit sensible à la pitié. (*haut.*) Voici mon histoire en deux mots.

AIR : *De tous les Capucins du monde.*
De la Sicile où je suis née,
Le malheur de ma destinée
A quatorze ans me fit sortir,
Pour suivre dans un long voyage,
Mon pere, que je vis périr,
Bien-tôt après, par un naufrage.

AIR : *Entre l'amour & la raison.*
J'allois subir le même sort,
Hélas ! je n'évitai la mort
Que pour mieux détester la vie :
Un Corsaire nous apperçut,
Et dans son bord il nous reçut,
Pour nous conduire en Barbarie.

AIR : *Mon petit doigt me l'a dit.*
Sur ce funeste rivage,
Je tombai dans l'esclavage :
Un Marchand, qui m'acheta,
Trouvant en moi quelques charmes,
Malgré mes cris & mes larmes,
Courut me vendre au Bacha.

Vous sçavez ce que c'est qu'un Bacha ?

CHRISANTE.

A peu près.

AGATHE.

Ce sont des Turcs, cent fois plus Turcs que les autres.

CHRISANTE.

Oh! vraiment! des Bachas, c'est tout dire.

AGATHE.

Et qui n'ont nulle pitié d'une pauvre fille qui tombe entre leurs mains, surtout quand elle est pourvue de quelques agrémens.

CHRISANTE.

Oh, oh! vous étiez plus exposée qu'une autre, car vos appas......

AGATHE.

(à part.)

Bon! ma figure commence à lui faire impression. (haut.) Ah! Monsieur, vous ne sçauriez vous imaginer les tourmens que j'ai soufferts.

CHRISANTE.

Ah! je m'en doute.

AGATHE.

Air : *Du Cap de Bonne-Esperance.*
D'abord je fus amenée
Dans un Sérail ennuyeux ;
Et bien-tôt je fus ornée
Des habits les plus pompeux :
Puis le Bacha formidable,
Vint d'un ton épouvantable,
Dans cet odieux séjour,
Me déclarer son amour.

CHRISANTE.

Fort bien.

AGATHE.

Cet aveu me fit frémir, car vous concevez bien.....

CHRISANTE.

Sans doute.

AGATHE.

Que l'amour de ces gens-là est une rage, une fureur.... d'autant plus terrible, qu'elle s'irrite par la résistance qu'on lui oppose.

CHRISANTE.

Les traîtres !

AGATHE.

Malgré mes refus, il ne perdit point courage. Les prieres, les présens, les menaces, les duretés mêmes, tout fut employé pour me séduire ; j'en étois excédée, persécutée.

CHRISANTE.

La pauvre enfant !

AGATHE.

Ce n'est pas encore tout. Tandis que j'étois occupée à défendre, avec tant de peine, ma vertu contre les entreprises du mari, la femme attentoit à mes jours.

CHRISANTE.

Sa femme !

AGATHE.

Hélas ! oui.

AIR : *Je n'en puis plus, laisse-moi rire.*
Pour me punir d'être trop aimable,
Sa femme en fureur faisoit le diable.
Que j'ai pleuré
Mes tristes charmes !
Toujours dans les larmes,
Et le cœur navré !
Elle feint de pleurer.
Ah, ah, ah ! le maudit Bacha !
Elle rit à part.
Ah, ah, ah ! comme il croit cela !
L'un par amour,
L'autre par haine,
Tous deux chaque jour
Augmentoient ma peine.
Que j'ai pleuré
Mes tristes charmes !
Toujours dans les larmes,
Dans les allarmes,
Et le cœur navré !
Ah, ah, ah ! le maudit Bacha !
(*à part.*)
Ah, ah, ah ! comme il croit cela!
AIR : *Paris est en grand deuil.*
Le crédule Vieillard
Est dupe de mon art.

CHRISANTE.

Pour sortir d'esclavage,
Comment avez-vous fait ?

AGATHE.

Ce fut encor l'effet
D'une jalouse rage.

Cette méchante femme croyant n'être tranquille que par ma mort, résolut enfin de m'ôter la vie.

CHRISANTE.

Comment !

AGATHE.

Par bonheur, le jeune Esclave qui fut chargé de cet ordre cruel, étoit amoureux de moi.

CHRISANTE.

Hé bien !

AGATHE.

Hé bien ! au lieu de faire ce qu'on lui avoit commandé, il trouva moyen de s'assurer d'un vaisseau, où nous prîmes la fuite tous deux.

CHRISANTE.

Ah ! je respire.

AGATHE.

AIR : *Tout roule aujourd'hui dans le monde.*

En arrivant en Italie,
J'ai perdu mon Liberateur,
Il va trouver dans sa Patrie
De quoi réparer son malheur ;
(*En feignant de pleurer.*)
Moi, qu'un cruel destin accable,
Je vais finir mes tristes jours,
Si votre bonté secourable
Ne daigne en prolonger le cours.

CHRISANTE.

Ne pleurez point. (*à part.*) Je suis tout ému. (*haut.*) Je puis vous faire un sort plus heureux.

AGATHE *affectueusement.*

Ah! oui, vous le pouvez: vous serez mon consolateur, mon Pere, (*à part.*) La vérité m'emporte malgré moi.

CHRISANTE.

Quel dommage! jeune & belle comme vous êtes.

AGATHE.

(*à part.*)
Il s'attendrit, je commence à espérer.

CHRISANTE.

Ecoutez: j'imagine un moyen,....(*en hésitant à chaque mot*), de finir vos malheurs.

AGATHE.

Air: *Approchez, mon aimable fille.*
Comment?

CHRISANTE.

Vous êtes vertueuse,
Vous méritez bien d'être heureuse;
Et... je veux vous donner.... mon cœur.

AGATHE.

Son cœur!
Hé! Mais... c'est toujours quelque chose.

CHRISANTE *vivement.*

Hé quoi! Trouvez-vous donc que ce n'est pas assez?

AGATHE.
Hé! hé!
CHRISANTE.
Répondez?
AGATHE.
Moi!.... Je n'ose.
CHRISANTE.
(*en hésitant.*)
J'y joindrai le don de.... ma main.
AGATHE.
(*à part.*)
Sa main!
Oh! non pas, & pour cause.
CHRISANTE *déterminé.*
C'en est fait dès ce jour l'himen nous unira.
AGATHE.
(*à part.*)
Arrêtez-donc..... Comme il y va!
Ah! Monsieur, c'est plus que je ne mérite.
CHRISANTE.
Non, ma chere enfant: votre beauté, vos malheurs, tout me parle pour vous.
AGATHE.
Vous badinez peut-être, & c'est une cruauté dans l'état où je suis.
CHRISANTE.
Hé! non, ma petite Reine, je te parle bien sérieusement.
AGATHE.
Et moi, je vais vous répondre de même.

AIR : *De Mr. Mondonville.*

A l'amour qui vous inspire
Donnez un peu moins d'essor ;
Vous vous laissez trop séduire
Par un généreux transport.
Je n'aspire qu'à vous plaire,
C'est mon espoir le plus doux :
Je vous aime & vous révere :
Mais quoique vous puissiez faire,
Le sort à mes vœux contraire
Ne m'a point faite pour vous.
A l'amour, &c.

CHRISANTE.

Vous m'aimez, petite friponne, & vous refusez de vous unir avec moi ! Pourquoi donc cela ?

AGATHE.

Vous le voyez, je n'ai point de biens à vous offrir.

CHRISANTE.

Voilà qui est fâcheux. Point de bien absolument ?

AGATHE.

Non vraiment, je n'ai rien ; mais ce qui s'appelle rien.

CHRISANTE.

Et que sont donc devenus ces présens du Bacha ?

AGATHE.

Je sçavois bien pourquoi il me les offroit, & la pudeur me défendoit de les accepter.

CHRISANTE.

Il est vrai.

AGATHE.

Ah! s'il m'étoit resté quelque chose, avec quel plaisir je l'aurois partagé avec vous!

CHRISANTE *transporté*.

Hé bien.... je ferai pour vous ce que vous vouliez faire pour moi.

AGATHE.

Quelle générosité! (*à part.*) Ah! Amour, Amour!

CHRISANTE.

Tu consens donc maintenant?

AGATHE.

Non, vous dis-je, cela ne se peut pas.

CHRISANTE.

Aurois-tu de l'aversion pour moi?

AGATHE.

De l'aversion! Connoissez mieux le cœur d'Agathe; il est rempli d'estime & de tendresse pour vous.

CHRISANTE.

Comment voulez-vous que je le croye, si vous vous refusez à mes vœux? Etes-vous d'un rang si supérieur au mien, que vous ne puissiez sans rougir?...

AGATHE.

Ah! sur ce point-là tout l'avantage est de votre côté.

CHRISANTE.

Ahi!

OPÉRA-COMIQUE. 31

AGATHE *voulant sortir.*
Ne m'en demandez pas davantage, &
permettez....

CHRISANTE *allant après elle.*
AIR : *Ah ! tu veux que j'expire.*
Chere, trop chere Agathe,
Tu me fuis, ingrate !

AGATHE.
Laissez-moi,
Je fais ce que je doi ;
Votre intérêt m'en fait la loi.

CHRISANTE.
Et pourquoi nous contraindre,
Si ton cœur
Ressent du mien toute l'ardeur ?

AGATHE.
Vous n'êtes pas le plus à plaindre,
J'ose vous le dire sans feindre ;
J'aime trop, pour mon malheur.

CHRISANTE.
Chere, trop chere Agathe, &c.
Agathe sort.

―――――――――――

SCENE VIII.

CHRISANTE *seul.*

MON intérêt !... Elle a raison. Faut-il que l'Amour m'aveugle au point de ne m'en pas souvenir. Oh ! mon cher argent ! toi qui m'as couté tant de peines à gagner, faut-il te sacrifier à une inconnue ?...

Oui, une inconnue; une fille sans bien, sans naissance: elle le dit elle-même; elle ne cherche point à me tromper; c'est moi, c'est moi.... C'est le Diable qui me pousse dans le précipice.

AIR : *Le désespoir*. Noté N°. 3.
Quelle folie extrême !
Faut-il que j'aime ?
Ah ! malheureux Chrisante !   (*bis.*)
L'abîme est sous tes pas,
Et tu ne le vois pas !
Chrisante, Chrisante,
Hé quoi ! tu ne vois pas
Un abîme sous tes pas !
Mais sa beauté m'enchante;
   Elle est charmante. ...
O vieillesse imprudente !
O flâme extravagante !
Chrisante, Chrisante,
L'abîme est sous tes pas,
Et tu ne le vois pas ! (*bis.*)
Je sens malgré moi-même
   Que j'aime....
Ah ! sans rougir puis-je le dire ?
Hé quoi ! déjà suis-je en délire ?
Ah ! tandis qu'il en est tems,
Rappellons, rappellons notre bon sens.
           Il sort.

Fin du premier Acte.

ACTE

ACTE II.

SCENE PREMIERE.
AGATHE, JULIEN.

AGATHE.

Air : *La neve è alla montagna.*

NFIN par l'espérance,
Je sens ranimer mon cœur,
Et l'instant du bonheur
S'avance.
Il faut se hâter de le saisir.
Quel plaisir, ah ! quel plaisir !
Mon ame en va joüir.

JULIEN.
Suite de l'air.

Mais de cette manigance,
Baillez-nous la confidence.

AGATHE.
Si tu la sçavois,
Tu jaserois,
Babillerois.

JULIEN

Non, non.

AGATHE.

Je ne scaurois.

JULIEN.

Ah ! pourquoi ?
Dites donc, dites le moi,
Fiez-vous à ma foi.   (fin.)
Ah ! not' chere Maitresse ! car j'vous
regardons déjà comme telle.

AGATHE *en souriant*.

Et mais... je travaille pour cela.

JULIEN.

Contez-nous ça, car t'nez, j'sommes
dans vos intérêts... comme vous-même.

AGATHE.

Que veux-tu que je te dise ? J'ai des
idées ; mais...

JULIEN.

Hé ! bian, voyons ces idées. J'avons itou
les nôtres, & de tout ça, j'en pourrons faire
queuque bonne pensée.

AGATHE.

Air : *Menuet de Granval.*
Ah ! qu'il est drôle !

JULIEN.

Eh ! mais, madame !
Chacun n'a-t-il pas son lgarvis ?
J'en ens comme un autre, Madame,
Essayez en, vous allez voir.
Air : *Hélas ! maman, pardonnez, je vous prie.*
Allons au fait, dites-nous votre chaîne ;
De bout en bout tout doit m'être conté.

OPÉRA-COMIQUE.

AGATHE.

Oh! nenni dà.

JULIEN.

J'vous promettons du silence, et pis, j'pourons vous sarvir de not' côté.

AGATHE.

Tantôt.

JULIEN.

Fort bien!

AGATHE *à part.*

Il faut de la prudence.

JULIEN.

Ah! j'étouffons de curiosité.

AGATHE *à part.*

Il pourroit dans son transport me découvrir, sans le vouloir.

JULIEN *avec dépit.*

Hé bien, n'v'là-t-il pas qu'vous parlez toute seule! qu'a pas d'plaisir, dès qu'on n'peut jaser avec un autre. Faut-il pas mieux être deux à sçavoir une chose? On en devise & pis....

AGATHE.

Non, Julien, non; il y a quelquefois trop de danger.

Air : Tornasti, o primavera.

En amour, en affaire,
Le succès dépend du mistere :
Plus d'un amant, pour trop parler,
A vû son bonheur s'envoler.
L'amant qui dans les pleurs
Raconte les rigueurs
De sa bergere,

LA FAUSSE AVENTURIERE;

Obtiendroit ses faveurs,
S'il sçavoit se taire.

JULIEN.

Hé! bian; je s'rons muet. Oh dame! c'est pour vot' bian que j'voulons être au fait; car j'vous aimons tant!

Il lui prend la main.

AGATHE.

Mon cher Julien, je connois ton bon cœur, & je t'en récompenserai.

JULIEN.

Je n'sommes pas interessé, vot' secret nous payera.

AGATHE.

Comment donc? Il faut que tu ayes bien envie de le sçavoir?

JULIEN.

Il vient de vous, ça suffit; j'en perdons la tête.

Il lui baise la main.

AGATHE *attendrie*.

Ah! tu mérites bien de le partager. Apprens donc....

Air: Je ne sçais pas écrire.

Mais j'entends, je crois, quelque bruit,
Et je crains que de ton réduit
Le bon-homme ne sorte:
Il vient, ne te laisse point voir.

JULIEN.

Bon! sous lui j'allions tout sçavoir:
Que le diable l'emporte!

Il se sauve.

SCENE II.
AGATHE, CHRISANTE.

AGATHE à part.

IL me cherche, sans doute.

CHRISANTE sans la voir.

Il faut donc que je ne la voye plus....

AGATHE à part.

L'amour & l'avarice sont aux prises dans son cœur.

CHRISANTE à part.

Ou je ne serois plus le maître de lui résister.

AGATHE à part.

Qui des deux l'emportera ?

CHRISANTE à part.

O ! Agathe ! Agathe !

AGATHE à part.

Il soupire ! Il est rendu. Mais sa folie n'est pas assez complette ; j'ai vaincu son avarice, il faut vaincre sa délicatesse.

AIR : *Non, je ne serai pas.*

Je ne l'ai pas battu
De mes plus fortes armes ;
Je veux ser ma vertu,
Lui donner des allarmes,
Rendre son cœur jaloux, & malgré ses soupçons,
S'il m'offre encor sa main, ma foi, nous le tenons.

CHRISANTE l'appercevant.
(à part.)

Dieux! c'est elle.

AGATHE à part.

Feignons de l'éviter.

CHRISANTE.

Vous me fuyez en vain ; malgré vous le hazard nous rassemble.

AGATHE.

Croyez-vous que le hazard seul en soit la cause ?

CHRISANTE.

Qu'entens-je ? Vous souhaitiez de me rencontrer ?

Agathe le regarde tendrement sans lui répondre.

CHRISANTE.

AIR : *Par ma foi, l'eau me vient à la bouche.*

Vous m'aimez, mon bonheur est extrême,
Vos regards le disent malgré vous.

AGATHE.

Plus que vous ne m'aimerez vous-même ;
J'en conviens.

CHRISANTE.

   Que cet aveu m'est doux !
Pourquoi penser ainsi, ma chere ?
Tes feux seront mieux récompensés.
Tu sçais pour toi ce que je veux faire.

AGATHE.

Mais vous, me connoissiez-vous assez ?

CHRISANTE.

Hé ! qu'importe, tu me charmes, tu me ravis. Je t'adore ; cela est plus fort que moi.

AGATHE.
(à part.)

L'extravagant !

CHRISANTE.

Puis-je trop payer le bonheur de t'avoir, de posséder un cœur tendre, un cœur tout neuf ?

AGATHE.

Tout neuf !

CHRISANTE.

Oui, ne m'as-tu pas dit....

AGATHE.

Il est vrai ; mais....

CHRISANTE *inquiet.*

Quoi ? Mais.

AGATHE.

Tenez, Monsieur, je vois que vous êtes un galant homme, un honnête homme ; je ne veux pas vous tromper.

CHRISANTE *allarmé.*

Expliquez-vous.

AGATHE.

Que ne vous ai-je connu dans le temps qu'un ingrat !... Il ne méritoit pas l'amour que j'avois pour lui.

CHRISANTE.

Je tremble.

AGATHE.

Vous auriez eu les prémices d'un cœur qui vous est tout dévoué.

CHRISANTE.

Achevez donc.

AGATHE.

(à part.)   *(haut.)*

Son impatience me divertit. C'étoit avant mon voyage.

    Air : *Ah ! le beau petit homme !*
    Un jeune Militaire,
    Du ton le plus sincere,
    S'en vint un jour, avec mistere,
Me déclarer que j'avois sçû lui plaire.
Moi, je fis d'abord la sévere,
    Et contre son ardeur
    Je m'armai de rigueur.
    Faudra-t-il que j'expire
    Dit-il, sous votre empire ?
    A ces mots, je soupire,
    Il prend ma main, je la retire ;
    Mais j'avois beau lui dire ;
        Non, non,
    Monsieur, laissez-moi donc,
        Non :
Il sçut m'arracher son pardon.
Le lendemain encore
Il s'en vint dès l'aurore ;
Me dit ; je vous adore :   *(ter.)*
Si vous vouliez couronner ma flâme....
Moi confuse dans l'ame :
    Non, non, fi donc !
Mais pour qui me prend-on ?
Enfin dans cette visite,
Pour la peur j'en fus quitte :
Mais le lendemain il vint encor
Faire un nouvel effort.
J'étois toute tremblante,
    Mourante....   *(bis.)*

Ah ! quelle race méchante !
L'ingrat, hélas !
L'ingrat ne revint pas.
CHRISANTE.
Il a, parbleu, bien fait de ne pas revenir.
AGATHE.
J'eus quelque temps la foiblesse de le regretter ; mais enfin, l'absence, la raison, & depuis, l'amour que vous m'avez inspiré, l'ont entierement banni de mon cœur.
CHRISANTE *froidement.*
Je le crois.
AGATHE *avec ardeur.*
Ah ! mon cher Monsieur, vous pouvez en être sûr.

CHRISANTE *avec une froideur affectée.*

Oui, vous dis-je ; je vous crois. (*à part.*) Ah ! que je souffre !
AGATHE *d'un ton ferme.*
Et moi, je crois que vous ne m'aimez pas.
CHRISANTE.
Ah ! que trop, (*à part,*) dont j'enrage.
AGATHE.
Ma sincerité vous déplait. (*avec tendresse.*) Elle est cependant l'effet de mon amour.
CHRISANTE *le regardant tendrement.*
De ton amour !

LA FAUSSE AVENTURIERE,

AGATHE.

Mais je sçais me rendre justice. Non, Monsieur, je ne suis pas digne de vous, le bonheur n'est pas fait pour moi.

CHRISANTE *avec émotion.*

Que dis-tu ? ... Agathe.

AGATHE *à part.*

Si je pleurois un peu, pour rendre la scene plus touchante. (*haut.*) A....a... adieu, Monsieur.

CHRISANTE *la poursuivant.*

Mais écoute-moi donc.

AGATHE *faisant toujours semblant de l'éviter par modestie.*

AIR: *Prigionniera abandonnata.*

Tendre Agathe,
Quel espoir te flatte ?
Dans ton ame,
Etouffe ta flâme.
Ah ! la douleur,
Plus que l'amour, doit regner dans ton cœur.
Ah ! sans vouloir t'engager encor
Va pleurer,
Va pleurer ton sort.
Va gémir, va soupirer,
Va pleurer ton sort.

CHRISANTE *l'arrêtant.*

Mais ton sort n'est pas si malheureux que tu le crois ; car je t'aime, je meurs d'amour.

AGATHE.

Est-il bien vrai ?

CHRISANTE.

Faut-il se donner au diable pour te le faire croire ?

AGATHE.

Non ; mais il faut se donner à moi.

CHRISANTE *avec incertitude.*

Oui ... c'est bien mon dessein.

AGATHE *vivement.*

Tout à l'heure.

CHRISANTE.

Hé ! bien, soit.

AGATHE.

Allons donc chez le Notaire.

CHRISANTE *déterminé.*

Volontiers .... un moment. Je ne demande pas mieux que de t'épouser ; mais je voudrois que la chose fût secrette, & mon Notaire....

AGATHE.

J'entens ; vous craignez qu'il ne jase.

CHRISANTE.

Tout juste.

AGATHE.

Hé ! bien, il faut en prendre un autre. Tenez, tenez ; j'ai votre affaire en main.

CHRISANTE.

Tout de bon !

AGATHE.

Eh oui, le premier venu nous suffiroit ; mais j'en sçais un avec qui nous serons sûrs du secret.

LA FAUSSE AVENTURIERE,

CHRISANTE.

Va donc le chercher.

AGATHE.

Vous pouvez m'attendre ici, je ne serai qu'un instant.

Elle sort.

SCENE III.

CHRISANTE seul.

Air : *Voilà pourtant, voilà comment.*

Enfin le sort en est jetté,
Je renonce à ma liberté....
Mais que fais-je, imprudent ? je vais donc à mon âge,
Risquer un second mariage....
Et sans songer à combien de brocards,
Je m'expose en homme peu sage,
Je veux en courir les hasards....
Mais malgré les railleurs, ne suis-je pas le Maître ?
En dépit d'eux, oui, je veux l'être...
D'un fils, par ce nouveau lien,
Je punirai l'extravagance.
Mon Agathe aura tout mon bien....
Tous doix approuver ma vengeance.

SCENE IV.

JULIEN, CHRISANTE.

JULIEN.

A part au fond du Théâtre.

Le v'là seul, si j'pouvions découvrir......

Chrisante sans voir Julien se promene à grands pas, en continuant ses réflexions ; Julien le suit pour tâcher d'entendre ce qu'il dit, & change de position chaque fois que Chrisante fait un mouvement différent, dans la crainte d'être apperçu du Vieillard.

CHRISANTE *sans voir Julien.*

Oui, j'y suis déterminé.

JULIEN.

Que dit-il ? Avançons.

CHRISANTE.

Je ne suis pas encore assez vieux, pour ne pouvoir épouser.....

JULIEN.

Il n'entend que les derniers mots.

Epouser ! Il parle de son fils.

CHRISANTE.

Une jeune perſonne, dont je fais la fortune.

JULIEN.

La fortune ! v'là ce qui le tiant. All' n'a pas de bian.

CHRISANTE. *Par un mouvement il s'éloigne de Julien.*

Et mon coquin de fils ſera bien attrapé....

JULIEN.

J'n'entendons pûs.

CHRISANTE *rapproché de Julien.*

Lorſque je lui ferai voir que je puis encore laiſſer des héritiers.

JULIEN.

Des hériquiers ! Oh ! Palſambille ! Ils vous en bailleront tant & pûs.

CHRISANTE *toujours en mouvement.*

AIR : *J'y pris bien du plaiſir.*

J'atens un certain Notaire
Qu'Agathe doit m'amener.

JULIEN

Agathe ! Fort bian.

CHRISANTE.

L'affaire
Doit ici ſe terminer.
Cette gentille perſonne
Sera ſelon mon deſir.

JULIEN *avec tranſport élevant la voix.*

J'ſomme au fait, il leux pardonne,
Ah ! que j'en avons d'plaiſir !

CHRISANTE *l'appercevant.*

Que fais-tu là, coquin ?

JULIEN, *interdit.*

Pardi! Je n'faisons rian.

CHRISANTE.

Comment tu ne fais rien?

JULIEN *se rassurant.*

J'passions pour aller au Jardin.

CHRISANTE *vivement*

Hé! bien, passe vîte. (*à part.*) Je crains qu'il ne m'ait entendu.

JULIEN *affectueusement.*

Mais, Monsieur, seriez-vous malade? Comme vous v'là changé!

CHRISANTE *en colere.*

Non, laisse-moi.

JULIEN.

Queu courroux!

CHRISANTE.

Laisse-moi, te dis-je. (*à part.*) Quel embarras! Agathe & le Notaire vont venir.

JULIEN.

Vous avez queuque chagrin.

CHRISANTE

Hé! Non. (*à part.*) Peste de l'importun.

JULIEN.

Vous nous faites peine.

CHRISANTE *impatienté.*

Va-t-en.

JULIEN.

J'sommes de trop. (*à part.*) Comme il me donne au Diable!

CHRISANTE.
Hé bien !
JULIEN.
Je n'sçaurions vous quitter.
CHRISANTE *excédé, le prenant par le bras.*
Et moi, je veux que tu sortes.
JULIEN *se frottant le bras.*
Et la, la; tout bellement.
CHRISANTE.
Mais voyez ce maroufle ! (*à part.*) Je suis sur les épines.
JULIEN.
Hé bian ! On va vous laisser. (*à part.*) J'n'irons pas bien loin.
CHRISANTE.
Encore ! (*à part.*) J'enrage.
JULIEN *piqué.*
Oh ! Quelle himeur !
CHRISANTE *le poussant rudement.*
Sortiras-tu ?
JULIEN *sortant.*
(*à part.*)
Ah ! le vieux fou !
CHRISANTE.
Le pendart ! Je mourois de peur que quelqu'un n'arrivât.

SCENE

SCENE V. & derniere.

CHRISANTE, AGATHE, VALERE en Notaire, JULIEN caché.

CHRISANTE.

HE ! venez donc. Je vous attends avec impatience.

AGATHE *montrant Valere qui se tient un peu à l'écart.*

Voici le Notaire, le Contrat est tout dressé, il n'y manque plus que votre nom.

CHRISANTE.

Oui, ma chere enfant ; mais personne ne vient-il ?

AGATHE.

Ne craignez rien, nous sommes seuls.

CHRISANTE *de loin à Valere.*

Ecrivez, Monsieur.... Hyacinte Chrisante.

VALERE *après avoir écrit.*

Il suffit.

JULIEN *à l'écart.*

Avançons.

AGATHE *prenant le Contrat des mains de Valere & le présentant à Chrisante.*

AIR: *Ne vld-t-il pas que j'aime ?*

Il faut signer en ce moment.

D

CHRISANTE.

De bon cœur, ma charmante,
Je céde à ton empressement.
Il prend le Contrat.

AGATHE.

Que mon ame est contente!

JULIEN *à part.*

A quoi tout ça va-t'il aboutir ?

CHRISANTE.

Air : *Mon petit doigt me l'a dit.*
Mais voyons un peu le stile.

AGATHE *l'empêche de lire.*
Monsieur est assez habile.....

CHRISANTE.

Je le crois bon ouvrier ;
Mais enfin, dans cet ouvrage,
Je cherche ton avantage,
Il ne faut rien oublier.

VALERE *à part.*

Je tremble.

AGATHE.

Il est en bonne forme, vous dis-je ?
CHRISANTE *prend la plume & signe.*
Hé bien ! Signons donc.

JULIEN *à part.*

J'n'y comprenons rian.

CHRISANTE.

Il donne la plume à Agathe.
A toi, ma petite femme.

OPERA-COMIQUE.

JULIEN *à part.*

Sa petite femme ! Il extravague.

AGATHE.

Ah ! volontiers.

Elle signe.

CHRISANTE.

Ah ! petite pouponne.

JULIEN *à part.*

All' signe itou ! Avons-je la berlue ?

AGATHE *donne le contrat à signer à Valere.*

C'est à vous présentement, Monsieur....
(*bas.*)
Allons, ferme.

CHRISANTE *s'approche de Valere, & veut regarder par-dessus son épaule.*

Comment vous nommez-vous ?

VALERE *tremblant, & sans se retourner.*

Moi.... Monsieur !

CHRISANTE.

Oui.

VALERE *se découvrant.*

Valere.

CHRISANTE.

Que vois-je ? C'est mon fils !

AGATHE.

Et je suis son épouse, dont vous venez de signer le contrat.

VALERE *vivement.*

Air : *Qui vous en faisiez la folie.*
Oui : c'est cette épouse chérie ;
Voilà l'objet
Qui contre moi vous irritoit.

D ij

LA FAUSSE AVENTURIERE;

JULIEN *avancé, & d'un air malin.*
Quoi ? vous en faisiez la folie !

VALERE.
A ses appas
Qui pourroit ne se rendre pas ?

CHRISANTE.
O Ciel ! je suis trahi ! Perfide Agathe !

AGATHE.
Pouvez-vous me haïr ?

VALERE.
AIR : *Quand le péril est agréable.*
Pardonnez-nous ce stratagême,
L'Amour doit nous faire excuser.

JULIEN.
Il a bien fait de l'épouser,
Vous la vouliez vous-même.

CHRISANTE.
Je suis désespéré, confondu ; que je ne vous voie jamais.

JULIEN.
Parguienne ! c'est bian vilain à vous de renoncer ces pauvres enfans.

AIR : *Dieu des amans, lance-moi tes traits.*
Cœur de rocher !

AGATHE.
Laissez-vous toucher.

VALERE.
La pitié doit entrer dans votre ame.

CHRISANTE *à Agathe.*
Non, laisse-moi.
à Valere.
Perfide, ôte-toi.
Oui, tous deux
Fuyez loin de mes yeux.

AGATHE *tristement.*
Qui l'auroit crû ?

JULIEN.
Tredame !
Pourquoi ce courroux ?
Ç'a ly va mieux qu'à vous
De prendre jeune femme.
A ce joli tendron
Faut-il donc
Un Barbon ?

CHRISANTE *en colere.*
Te tairas-tu ?

JULIEN.
Non, morgué.
Car pour eux j'avons trop d'amiquié ;
Et de ce pas, pour jaser,
Je partons, j'allons tout dégoiser.

CHRISANTE *l'arrêtant.*
Arrête donc. (*à part.*) J'enrage.

JULIEN.
Vous criez en vain,
J'avons l'esprit malin :
Partout note village,
J'vais à vos dépens
Faire rire les gens.

CHRISANTE.
Il a raison ; je le mérite bien.

AGATHE *profitant de cette reflexion.*
Ah ! Monsieur, par ces sentimens si tendres que j'avois sçu vous inspirer....

LA FAUSSE AVENTURIERE,

VALERE.

Par tout l'amour que vous aviez juré à ma chere Agathe....

CHRISANTE *douloureusement.*

Sa chere Agathe!

AGATHE.
elle tombe à ses genoux.

Rendez-lui ses droits. Rendez-lui votre cœur.

VALERE *à genoux.*

Mon pere!

JULIEN *se laissant tomber comiquement sur les genoux.*

Grace! Grace!

CHRISANTE *attendri.*

Mon fils!... Ma chere fille! levez-vous... tout vous est pardonné.

AGATHE.

Quel bonheur!

VALERE.

Je meurs de joie.

JULIEN *pleurant de plaisir.*

Ah! ah! ah!

CHRISANTE *plus tranquillement, avec expression*

Oui, mes chers enfans, j'approuve votre union. Aimez-vous, j'y consens. Aimez-moi; c'est tout ce que j'exige.

OPERA-COMIQUE.
QUATUOR.

Air : *De M. de la Ruette.*

CHRISANTE, JULIEN.	AGATHE, VALERE.
Au doux plaisir livrez votre ame,	Ah ! quel plaisir saisit mon ame !
Jul. Cha. { Rien ne s'oppose à votre flâme ; J'approuve votre flâme. Formez les nœuds Les plus heureux. *Fin.*	Ag. Val. { Rien ne s'oppose à notre flâme : Mon Pere approuve notre flâme. Formons les nœuds Les plus heureux. *Fin.*

CHRISANTE.
Je vous pardonne.
JULIEN.
Ah ! quel effort !   Quel heureux sort !
CHRISANTE *à Valere.*
Je te la donne.
JULIEN.
Ah ! quel effort !   Quel heureux sort !
Votre folie,
Les justifie.
CHRISANTE.
Oui, sa beauté m'avoit surpris.
JULIEN.
Mais à votre âge,
C'est trop d'ouvrage :
En homme sage,
Cédez la place à votre fils.

On reprend le Rondeau jusqu'au mot Fin.

FIN.

Nº 1.

COurs à ta Belle, Va, fils ingrat,
Va, fcélé-rat, De tes amours, Va, fuis le
cours: Mais de mon bien, N'attends plus rien, N'attends plus rien. Mais de mon bien N'attends plus rien, N'attends plus rien. Mais le mal
n'est pas grand, Près d'un objet charmant, Un cœur fi-
dele Est trop con-tent, Un cœur fi-dele

Est trop con- tent. Comment, comment, dans ta cer-velle As-tu pen- sé, Fils in-sen-sé? A quoi, Dis-moi, A quoi, Dis-moi, Dans ta cer-velle As-tu pen- sé, Fils insen-sé? A quoi, Dis-moi, A quoi, Dis-moi, As-tu pen- sé, Fils insen-sé? Prendre sans bien Fil- le de rien, Prendre sans bien, Prendre sans bien sans

dra Pleurer l'en-fant a-vec la me-re, A
mes ge-noux, mon fils ram-pant, En- sup- pli-
ant, En foupi- rant, Vien-dra di- fant, E-
coutez moi. Par-donnez moi. Moi! non:
Moi! non, non: arran- ge toi,
arran-ge toi, arran-ge toi.

Nº 2.

SExe dange-reux, Trompeur & vo- lage,

FIN.

APPROBATION.

J'AI lu par ordre de Monseigneur le Chancelier, *La Fausse Aventuriere Opera-comique*, & je crois que l'on peut en permettre la représentation & l'impression. A Paris, ce 16 Mars 1757. CREBILLON.

Le Privilége & l'enregistrement se trouvent à la fin du tome 3e. du Nouveau Recueil des Pièces représentées sur le Théâtre de l'Opera-Comique depuis son rétablissement.

LE DOCTEUR SANGRADO.

OPERA-COMIQUE

EN UN ACTE.

PAR Mrs ANSEAUME & *****

Représenté pour la premiere fois sur le Théâtre de la Foire S. Germain, le 13 Février 1758.

Le prix est de 24 sols avec la Musique.

A PARIS,
Chez N. B. DUCHESNE, Libraire, rue S. Jacques, au-dessous de la Fontaine S. Benoît, au Temple du Goût.

M. DCC. LVIII.
Avec Approbation & Privilège du Roi.

PERSONNAGES.

LE Docteur SANGRADO, M. La Ruette.
UN VIEILLARD, M. Bouret.
La Femme du VIEILLARD, Mlle. Vincent.
BLAISE, M. Paran.
JACQUELINE, Mlle. Deschamps.
La Tante de JACQUELINE, Mlle. Petitpas.
LOLOTTE, Mlle. Luzy.
DEUX TÉMOINS, { M. Leger. M. Delisle.
UN NOTAIRE, M. S. Aubert.

La Scene est dans un Village

LE DOCTEUR SANGRADO.

OPERA-COMIQUE.

Le Théâtre repréſente un Village dans lequel on diſtingue une Maiſon iſolée qui eſt celle du Docteur.

SCENE PREMIERE.

SANGRADO environné de differentes perſonnes qui ſont venus le conſulter.

ARIETTE. De M. DUNY.

POUR guérir toute maladie,
Migraine, goute, apoplexie,
Apprenez un moyen nouveau ;
Buvez de l'eau, buvez de l'eau.
   De ce breuvage,
   Faites uſage,

LE DOCTEUR SANGRADO;

J'en garantis l'effet certain,
Pour l'Asthmatique,
Pour l'Hydropique,
Ce spécifique est souverain.
Jeunes coquettes,
A vos toilettes
Ne courez plus pour votre tein :
De belle eau claire
Fera l'affaire,
Buvez, buvez soir & matin.
C'est un remede
A qui tout céde,
Et dont on n'est point dégouté ;
Il est facile,
Il est utile,
Pour la beauté, ⎞
Pour la santé. ⎠ *bis.*

SCENE II.

Les Acteurs précédens. UN VIEILLARD ET SA JEUNE FEMME.

LE VIEILLARD *au fond du Théâtre.*

Air : *Des sept saults.* N°. 1.

Avec moi viens, mignone, ma mie,
Ton plaisir est mon unique objet ;
Le Docteur va remplir notre envie,
Nous sçaurons de lui quelque secret ;

OPERA-COMIQUE.

Il ne faut négliger rien,
Un peu d'aide fait grand bien.

Il touffe.

Hum, hum, hum, &c.

LA JEUNE FEMME *au Docteur.*

Même air, avec des variations de M. La Ruette.

Depuis trois ans je suis en ménage,
Je ne puis me voir un seul enfant ;
Mon pauvre homme a mis tout en usage,
Mais hélas ! c'est inutilement.
A vous nous avons recours,
Donnez-nous quelque secours.

Le vieux touffe.

Hum, hum, hum, &c.

LE DOCTEUR *à la jeune Femme.*

De Passy prenez l'eau souveraine,
Il n'est rien de si bon que cela.
D'un Enfant soyez sure, ma Reine ;
Il ne faut que ce voyage là.
Femme aimable, en pareil cas,
N'a jamais perdu ses pas.

Le vieux touffe.

LE VIEUX *au Docteur.*

Grace à vous je vais devenir pere ;
De votre art je n'attendois pas moins.

A sa Femme.

A ton gré tu peux te satisfaire ;
Oui, mamour, je compte sur tes soins.

LE DOCTEUR SANGRADO;

Dans l'attente du plaisir,
Tien, je me sens rajeunir.

Ici la toux l'oblige de se retirer au fond du Théâtre.

CHŒUR.

De M. LA RUETTE.

Honneur, honneur au Docteur Sangrado,
Pour tous les maux il n'ordonne que de l'eau.

LE VIEUX & sa jeune Femme.

Vive sa méthode,
Rien n'est si commode,
Nous trouvons la santé sur le bord d'un ruisseau.

LE CHŒUR.

Honneur, honneur, au Docteur Sangrado.

LA JEUNE FEMME.

D'un triste mariage
Ce remède nouveau
Adoucit l'esclavage,
Rien n'est si beau.

LE CHŒUR.

Honneur, honneur au Docteur Sangrado.

SCENE III.
SANGRADO *seul.*

Air : *J'ai du bon tabac.*

AH ! les bonnes gens,
J'ai bien lieu d'en rire.
Ah ! les bonnes gens,
Qu'ils s'en vont contens !
J'affecte pour mieux les séduire
Un ton grave, un air imposant,
Avec respect chacun m'admire,
Et l'on me croit aveuglément.
Ah ! les bonnes gens, &c.

Le plus fin se laisse conduire
Par l'espoir du soulagement ;
Souvent son mal en devient pire ;
Mais nous avons toujours l'argent.
Ah ! les bonnes gens, &c.

Dans nos mains qu'un Malade expire,
Nous nous en mocquons hardiment ;
Le Defunt ne peut nous rien dire,
L'héritier paye largement.
Ah ! les bonnes gens, &c.

SCENE IV.
SANGRADO, BLAISE.
BLAISE.

Air : *Dans le fond d'une écurie.*

Pour certain mal qui m'agite,
J'ons recours à vot' bonté ;
Ah ! Monsieur, par charité,
Guérissez-moi donc ben vîte,
J'en serons reconnoissant,
J'ons confiance en vot' mérite,
J'en serons reconnoissant.

SANGRADO.

Eh ! bien ? Qu'as-tu, mon enfant ?
A te voir gros & gras, & la trogne fleurie,
Qui diable te croit atteint de maladie !
   Mais quelquefois c'est un signe fâcheux :
   Moins le mal paroît nous abattre,
   Plus il peut être dangereux.
As-tu bon appétit ?

BLAISE.

              Je mange comme quatre,
Et je bois encor mieux.

SANGRADO.

Pour du chagrin, je crois, tu n'en prends guere.

BLAISE.

Oh! tatigoi, j'sis un compere
Toujours bon vivant & joyeux.

SANGRADO.

Sans doute que tu dors?

BLAISE.

Je ne fais qu'un seul somme
Toute la nuit.

SANGRADO.

Ah! le pauvre homme!
Il est à plaindre, en vérité.
Va, tu n'as que trop de santé.

BLAISE.

Air : *Fanchon est ben malade.*

C'pendant j'sis ben malade,
J'nous plaignons pas à tort.
Drès qu'ça m'prend j'suis maussade,
Dame, j'souffrons ben fort,
Voyez ; j'sis ben malade.

SANGRADO *à part.*

Ah! quel original !
haut. Dis donc, quel est ton mal.

LE DOCTEUR SANGRADO,
BLAISE.
Ariette. De M. DUNY.

Au fond d'ma poitreine
J'ons queuqu'chos' qui m'gêne.
Ça m'coupe l'haleine, *bis.*
Je grille en ma peau, *bis.*
Ça m'coupe l'haleine,
Je grille en ma peau.
L'matin quand j'sommeille
Ça m'piqu', ça m'réveille.
Comme un vin nouveau,
Qui dans le tonniau
Bouillonne & sautille.
Tout mon sang pétille
Et m'grimpe au cerveau, *bis.*
Comme le vin qui bout dans le tonneau,
Mon sang pétille & me grimpe au cerveau,
Et m'grimpe au cerveau,
J'grille en ma peau.
Jarni, je grille en ma peau.
Ça m'coup' l'haleine, ça m'trouble l'cerveau,
Ça m'trouble l'cerveau,
Ça m'trouble l'cerveau.

Air : *Je suis, je suis malade d'amour.*

D'plus en plus morgué chaque jour
Ce chien d'mal me possede.
Monsieur, parlais-moi sans détour,
M'baill'rez-vous un peu d'aide ?
SANGRADO à part.
Il est, il est malade d'amour ;
J'en sçais bien le remede.

Mais c'est un sot, je veux m'en divertir.
Usons de stratagême,
Notre plus grand talent est de sçavoir mentir.

haut.

Oui, mon enfant, sois certain de guérir;
Je connois à présent ton mal mieux que toi-même;
De tout mon art je veux te secourir.
Nos Medecins, suivant l'usage antique,
T'ordonneroient le séné, l'émetique,
La casse, la rhubarbe, & cent autres poisons,
Ce sont des charlatans; moi, sans tant de façons,
Je gueris tout par un remede unique.

BLAISE.

Air : *Nous venons de Barcelonnette.*

Jarni que vous ête habile homme !
C'est-là c'qui vous met en crédit :
Dans tout l'Village on vous renomme,
Queu plaisir d'avoir tant d'esprit !

SANGRADO.

Mais, dis-moi, que bois-tu ?

BLAISE.

La demande est plaisante !
J'buvons du vin, & du meilleur j'm'en vante.

SANGRADO.

Tant pis, morbleu, tant pis;
Ton mal, après cela, n'a plus rien qui m'étonne.

BLAISE.

Pargué, vous me la baillez bonne,
Qu'faut'il donc boire à votre avis ?

SANGRADO *d'un ton sententieux*.

De l'eau. Pour te guérir il n'est rien autre chose.
A jeun chaque matin bois quatre pintes d'eau,
N'en perds pas une goutte, autrement de nouveau
Il faudroit chaque soir en répéter la dose.

DUO.

Air : *Lucas pour se gausser de nous.* N°. 2.

BLAISE.	SANGRADO.
On ne peut trop chérir le vin,	Le vin est un mortel venin,
Voyez tous nos buveurs bons vivans qu'on peut croire,	Disent tous nos docteurs gens savans qu'on doit croire,
L'Eau n'est qu'un breuvage de chien,	L'eau nous fait cent fois plus de bien,
De chien, de chien ;	De bien, de bien,
Et jamais on n'en devroit boire,	Et toujours on devroit en boire,
Et jamais on n'en devroit boire.	En boire,
Si je balance en ce moment	Si tu balance un seul moment
C'est qu'jarnigoi le cas est d'importance,	Prends garde à toi, le cas est d'importance,
Sans espoir de soulagement,	Sans espoir de soulagement,
Avec votre eau, morgué, morgué, j'f'rai pénitence.	Avec ton vin, croi-moi, tu feras pénitence.
Boire de l'eau c'est toujours un tourment,	Boire du vin, c'est toujours un tourment.
De l'eau, de l'eau, morgué, c'est toujours un tourment.	Du vin, du vin, croi-moi, c'est toujours un tourment.

OPERA-COMIQUE.

SANGRADO.

Ignorant ! que fais-tu pour éteindre le feu ?
Prends-tu du vin ?

BLAISE.

J'sons pas si sot encore,
J'prenons de l'eau.

SANGRADO.

Toi-même as fait l'aveu.
Tu sens dans ta poitrine un feu qui te dévore,
Puis-je autrement en éteindre l'ardeur ?
Si tu ne m'obéis, je te prédis malheur ;
Tu tomberas en *Peripneumonie*,
Etisie & cacochimie....

BLAISE.

Air : *Je suis un croustilleux chasseur.*

Morgué vous me parlez latin ;
J'n'entendons rien à votre grimoire ;
Mon métier est d'faire du vin,] *bis.*
Mon plaisir est d'en boire.

SANGRADO *en colere.*

Voyez un peu son insolence.
Oser blâmer mon ordonnance !
Va, jamais tu ne guériras.
A tous tes maux je t'abandonne.

BLAISE.

Ah ! Monsieu....

LE DOCTEUR SANGRADO,

SANGRADO.

Tu mourras.

BLAISE *à genoux.*

Oui, je boirai de l'eau puisque Monsieu l'ordonne;
Mais par grace du moins, ne m'abandonnez pas.

SANGRADO *le relevant.*

Pour cette fois je te pardonne,
Par la pitié je me laisse émouvoir.
Adieu, reviens ce soir,
Tu me diras si ma recette est bonne.

BLAISE.

Serviteur; au revoir.

SCENE V.

SANGRADO *seul.*

Air : *Le tout par nature.*

LE bon nigaud que voilà !
Ignorer le mal qu'il a !
A son âge il en est là !
C'est bêtise pure :
Dès quinze ans on sçait cela
Le tout par nature.

Le mérite en ce siecle est à charge ma foi :
Chacun me vient chercher d'une lieue à la ronde,
    Et dès que je rentre chez moi
    Je me trouve accablé de monde.
      Me voici libre enfin,
    Songeons à notre mariage ;
    Je veux conclure dès demain.
Jacqueline est mon fait, elle est aimable & sage,
    Je dois avec elle être heureux.
    Depuis vingt ans sa bonne tante
    Me sert ici de gouvernante,
Et j'ai vû cet enfant s'élever sous mes yeux.
    Mon empressement, j'imagine,
    Va bien la flatter. Jacqueline,
Jacqueline....

SCENE VI.
SANGRADO, JACQUELINE.

JACQUELINE.

Monsieur, que voulez-vous de moi ?

SANGRADO.

Tu sçais mon amitié pour toi.

Air : *Vous avez bien de la bonté.*

Je hâte le moment heureux
    Qui tarde à ma tendresse.

LE DOCTEUR SANGRADO,

Toi seule peut combler mes vœux,
Deviens ici maîtresse.
L'esprit, les graces, la beauté,
En toi, mignonne, tout m'enchante.
Qu'elle est charmante !

JACQUELINE.

Monsieur, en vérité,
Vous avez bien de la bonté.

SANGRADO.

Point de remerciments : oui, bijou, dès demain
Tu recevras & mon cœur & ma main.

JACQUELINE.

Dès demain ?

SANGRADO.

Oui. N'en es-tu pas charmée ?

JACQUELINE.

Oh ! je ne croyois pas que ce fut pour sitôt !
Je suis encor si peu formée,
Ce n'est pas là ce qu'il vous faut.

Air : *Mon cœur volage*. N°. 3.

Fille à mon âge
Du mariage
Fuit l'embarras,
Et n'entend point tout ce tracas.
Il faut l'instruire,
C'est un martyre

Pour

OPERA-COMIQUE, 17

Pour un époux.
Hélas! Monsieur, qu'en feriez-vous?
Pour bagatelle,
Souvent la Belle
Entre en courroux;
On est forcé de filer doux;
Si le mari prend le haut ton,
Quel carillon!
Dans la maison,
C'est un dragon,
Un vrai demon.
Fille, &c.

En vain veut-on
Parler raison,
Elle fait rage,
Il faut en tout
Suivre son goût :
Quel esclavage !
Fille à mon âge
Du mariage
Fuit l'embarras,
Et n'entend point tout ce tracas;
Il faut l'instruire,
C'est un martyre
Pour un époux.
De moi, Monsieur, que feriez-vous.

SANGRADO.

Oh! j'en ferai.... C'est mon affaire.

JACQUELINE, *à part.*

Ah! qu'il sçait bien me déplaire !

SANGRADO.

Chez un malade à quatre pas d'ici

B

J'ai certaine visite à faire ;
Delà je vais chez le Notaire,
Et dans l'instant je reviens avec lui.
Adieu, petite femme.

JACQUELINE *d'un air serieux.*

Adieu, Monsieur.

SANGRADO.

Méchante.
Tu ne veux pas m'appeller ton mari ?

JACQUELINE.

Oh ! pas encor.

SANGRADO.

Vas, tu seras contente.
Après avoir fait quelques pas, il revient.

A propos, pour te rendre utile à la maison,
Il faut sçavoir en mon absence
Donner quelques mots d'ordonnance,
Et je veux de mon art te faire une leçon.

JACQUELINE.

C'est perdre votre tems, j'ai peu d'intelligence.
Vraiment chacun n'a pas autant d'esprit que vous.

SANGRADO.

Je ne suis point si sçavant que l'on pense :
Et soit dit entre nous,
Le seul renom fait toute ma science.
Ecoute, je veux bien t'en faire confidence.

OPERA-COMIQUE.

ARIETTE. De M. DUNY.

Si tant de mes confreres
Font si bien leurs affaires,
S'ils amassent du bien ;
S'ils ont de bonnes rentes,
Maisons, chaises roulantes,
Sçais-tu par quel moyen ?
    L'un d'un ton
    De Caton
En perruque touffue,
    Dans sa main
    Bec de corbin
Et clignotant la vûe,
S'en va toujours saignant,
    Toujours purgeant. } bis.
Courtisan pour les Belles
Dont il soigne le rein,
L'autre vient auprès d'elles
Etaler ses dentelles,
Et pour tous maux enfin
Ordonne l'anodin,
    Un anodin,
    Benin, benin.
Chacun a sa maniere
De tromper le vulgaire.
Pour me mettre à la mode
J'ai suivi leur méthode ;
Mon sistême nouveau
Guérit tout avec l'eau,
    Avec de l'eau,
    Avec de l'eau.

Mon art comme tu vois, n'est pas si difficile.

JACQUELINE.

Quoi ! ce n'est que cela ? Je vous sçavois par cœur.
Oh ! bon, je croyois qu'un Docteur
Étoit un homme habile, & très-habile.

SANGRADO.

Ainsi que toi, chacun est dans l'erreur,
Et cette erreur nous est utile.

Air : *Tout roule aujourd'hui dans le monde.*

Adieu, tu prendras soin d'écrire
Tous les gens qui viendront pour moi,
De leurs noms il faudra m'instruire.

JACQUELINE.

Oui, Monsieur. (*Il sort.*) Ah ! le bel emploi !
Si la liste est souvent remplie,
Que je plains les pauvres humains !
C'est être bien las de la vie
Que de se mettre dans ses mains.

SCENE VII.
JACQUELINE *seule*.

Air : *De tous les Capucins du monde.*

Hélas ! je vais être sa femme,
Déja l'ennui saisit mon ame :
De l'art dont il est enchanté
Il va me rendre la victime ;
Et dans la meilleure santé,
Il faudra vivre de régime.

SCENE VIII.*
JACQUELINE, LOLOTTE.

LOLOTTE.

AH ! Madame, pardon, je cherche le Docteur.

JACQUELINE.

Que voulez-vous lui dire ?

---

* L'idée de cette Scene est prise dans LA FOIRE DES
's, piece du Théâtre de la Foire, Tom. V.

B iij

LOLOTTE.

De grace, daignez m'y conduire.

JACQUELINE.

Mignonne, il est sorti.

LOLOTTE.

J'ai toujours du malheur.

JACQUELINE.

Air : *Pour passer doucement la vie.*

Mais que vous faut-il ma poulette ?
Parlez, sans crainte expliquez-vous.
Pouvoir vous rendre satisfaire
Feroit mon plaisir le plus doux.

LOLOTTE.

J'entends chacun dire chez nous
Que Monsieur le Docteur est homme fort habile.

JACQUELINE.

Oui dà ?

LOLOTTE.

Je lui venois demander un secret.

JACQUELINE.

Un secret ? Pourquoi, s'il vous plaît ?

LOLOTTE.

Oh ! dame, c'est chose bien difficile ;
Mais difficile tout à fait.

OPERA-COMIQUE.

JACQUELINE.
Voyons : je peux vous être utile.

LOLOTTE.
Je voudrois...Vous allez trop vous mocquer de moi.

JACQUELINE.
Ne craignez rien.

LOLOTTE.
Je voudrois....

JACQUELINE.
Eh bien, quoi ?

LOLOTTE.
Devenir bientôt aussi grande
Que ma sœur Angelique.

JACQUELINE.
Et quel est votre objet ?
En faisant pareille demande ?

LOLOTTE.
J'en ai vraiment plus d'un sujet.

JACQUELINE.
Air : *Je le sens bien.*
Mais quand on est grande, sans doute,
Vous ignorez ce qu'il en coûte.

LOLOTTE.
Je n'en sçais rien ;

Mais l'on a, quand on est petite,
Moins de plaisir & de mérite,
Je le sçais bien.

JACQUELINE.
Qui vous le dit?

LOLOTTE.
C'est choses que je voi.

JACQUELINE.
Encore?

LOLOTTE.
A la maison, sans nul égard pour moi,
On m'appelle petite fille.

JACQUELINE.
Ah! quelle injure! (*à part*) Elle est ma foi gentille.

Air : *Ne vous laissez jamais charmer.*

LOLOTTE.
S'il nous vient quelqu'un au logis,
Et que par hazard je babille ;
On me dit d'un air de mépris,
Taisez-vous donc, petite fille.

JACQUELINE.
Le propos est impertinent.

LOLOTTE.
Quand maman & ma sœur vont ensemble en visite,
Elles me disent en sortant
Soyez bien sage, la petite.

OPERA-COMIQUE.
JACQUELINE.
C'est bien à vous qu'il faut dire cela !
La leçon est fort impolie.
LOLOTTE.
Le soir à leur retour elles grondent ma mie.
Comment, Fanchon, Lolotte est encor là !
Que ne couchiez-vous donc cette petite fille ?
JACQUELINE.
Ouais ! la désolante famille ;
C'est vous tourmenter bien à tort.
LOLOTTE.
Vraiment, ce n'est pas tout encor.
Il vient chez nous des Messieurs fort aimables,
Jolis, bienfaits, agréables.

Air : *Des billets doux.*

Me disent-ils le moindre mot,
Ma grande sœur tout aussitôt
En devient furieuse :
C'est vous amuser sottement,
Laissez, dit-elle, cette enfant,
Ce n'est qu'une morveuse.

Voyez le joli compliment :
En vérité je suis bien malheureuse.
JACQUELINE.
Ces beaux Messieurs apparemment
A Mademoiselle Angelique
Font les doux yeux ?
LOLOTTE.
Tout justement.
Voilà ce qui me pique,
Et de ma bonne aussi ce sont les courtisans.

LE DOCTEUR SANGRADO,

JACQUELINE.

C'est le droit des mamans.

LOLOTTE.

ARIETTE N°. 4.

A ma Sœur
En douceur
Ils content leur peine ;
Par grace ma Reine,
Soyez plus humaine,
Soulagez ma peine,
Ma Reine, ma Reine,
Soyez sensible à mes ardeurs,
J'expire, je me meurs,
Victime de vos rigueurs.

A Maman quelquefois leur tendresse
S'adresse.
Laissez-vous attendrir
Par grace, Madame,
Mon ame s'enflamme,
Laissez-vous flechir.
La pitié,
L'amitié,
Rien ne peut-il vous émouvoir!
Il le faut, je le vois, mourir de désespoir.

Au défaut de l'Ariette, on chante le couplet suivant.

Air : *La nuit quand j'pense à Jeannette.*

Avec un air de mistère
Ces beaux Messieurs chaque jour
Vont à ma sœur, à ma mere,
Tour à tour faire la cour :

L'un dit ; je meurs de tendresse
Si je n'obtiens du retour ;
L'autre dit : belle maîtresse
Je vais expirer d'amour.
JACQUELINE.
Ont-elles pitié d'eux ?
LOLOTTE.
Dame, je n'en sçais rien.
On m'envoye toujours joüer avec ma mie,
Mais ils ne meurent pas.
JACQUELINE.
Comment ?
LOLOTTE.
Je le sçais bien,
Car dès le lendemain je les revois en vie.
JACQUELINE *à part.*
La bonne piece que voilà !
haut. Lolotte, c'est donc pour cela
Que vous voulez grandir si vîte ?
Il vous faudroit aussi des amoureux ?
LOLOTTE.
Hélas ! oui.
JACQUELINE.
La pauvre petite !
Vous aimeriez qu'on vous fît les doux yeux ?
LOLOTTE.
J'en aurois un plaisir extrême.
JACQUELINE *à part.*
Que lui dire ? Que lui donner ?

LE DOCTEUR SANGRADO,

La renvoyer, c'est trop la chagriner.
Du Docteur suivons le systême.
haut. Çà, mon bijou, je veux vous contenter ;
Buvez de l'eau quatre ou cinq ans de suite,
Vous deviendrez au point de ne rien souhaiter,
Et l'on ne pourra plus vous appeller petite.

LOLOTTE.

Ah ! quel plaisir ! enfin j'ai du bonheur :
Grand merci du secret : j'attends la réussite
Pour pouvoir à mon tour, faire enrager ma sœur.
Adieu, Madame.

JACQUELINE.
Adieu, mon cœur.

SCENE IX.
[JA]CQUELINE *seule.*

Air : *Damon calmez votre colere.*

FAUT-IL que dans cet heureux âge
On ignore tout son bonheur !
La pauvre enfant un jour, je gage,
En regrettera la douceur :
De se voir grande l'on pétille ;
Mais alors combien de tourmens !
On a des tantes, des mamans :
Hélas ! toujours quand on est fille,
On fait ce qu'on peut,
Et non pas ce qu'on veut.

SCENE X.
JACQUELINE, BLAISE.

BLAISE *au fond du Théâtre.*

Air : *Allez vous-en gens de la nôce.*

Morgué, c'en est trop, je me lasse
De m'noyer ainsi tout le jour ;
Je m'sens plus froid qu'une glace,
J'ai l'ventre aussi rond qu'un tambour.
Morgué, c'en est trop, &c.

Avec votre chien de breuvage,
Mafoi, Monsieur le Medecin,
N'en déplaise à votre latin,
Vous m'avez mis dans un bel équipage.

JACQUELINE *à part.*

Cet homme a l'air de bien mauvaise humeur.
haut.
Que cherches-tu, l'ami ?

BLAISE.

J'en voulons au Docteur.
Est-il ici ?

JACQUELINE.

Non. Mais je réponds à sa pl
Pour toi, que faut-il que je fasse ?

LE DOCTEUR SANGRADO;

ARIETTE. De M. LA RUETTE.

De la medecine
Je sçais tout le fin.
Dès que j'examine
Les yeux & la mine,
Par mon art divin
D'abord je devine
Le mal que l'on a,
  Et Jacqueline
  Te guérira.

BLAISE *à part.*

Elle est tatigoi ben drôlette,
Qu'à la voir je sens de plaisir !

JACQUELINE.

Parle, que rien ne t'inquiette,
Je te promets de te servir.

BLAISE.

Oh ! je ne doutons pas de votre sçavoir faire ;
Mais j'n'avons pas besoin de votre ministere ;
 Et votre Monsieur Sangrado
 M'a fait morgué boire tant d'eau
Que j'n'en veux plus ; j'en ai l'ame affadie.

JACQUELINE.

Quelle étoit donc ta maladie ?

BLAISE.

Air : *A l'endroit de ma sœur.*

Je m'sentois là dedans
Plus chaud qu'une fournaise,

OPERA-COMIQUE.

Je m'sentois là dedans
Des charbons tout brulans ;
Comme un fou par les champs
J'courois, ne vous déplaise,
Et le pauvre Blaise
Se chémoit tous les jours
Sans trouver de secours.

JACQUELINE.

Tu te portes donc mieux ?

BLAISE.

Oh ! oui, Mademoiselle,
Mais s'pendant je voudrois ben finir
De boire son eau qui me gele ;
Car, ma foi, j'ny sçaurois plus t'nir.

Blaise jette souvent les yeux sur Jacqueline.

Air : Lassi lasson.

Mais, qu'est qu'ça veut donc dire ?
Ahi, ahi, ahi, ahi,
V'là qu'mon mal empire,
Mais qu'est qu'ça veut donc dire,
Par ma foi j'n'en sçais rien.
J'n'en sçais rien,
J'n'en sçais rien,
Je m'trouvois déja bien,
Je n'me sentois de rien.
En vous r'luquant, Mamzelle,
Toc, toc, mon cœur danse tout' plus belle.

LE DOCTEUR SANGRADO,

En vous r'luquant, Mamzelle,
Ah ! comme mon cœur va,
Qu'eſt qu'c'eſt qu'ça,
Qu'eſt qu'c'eſt qu'ça.

JACQUELINE.

Mais je n'y connois rien moi-même,
En vérité, ma ſurpriſe eſt extrême.

BLAISE.

Air : *Sous cet ormeau.*

Ah ! queu tourment !
Par grace apprenez moi comment
Guérir de cela.

JACQUELINE.

Où te ſens-tu ce mal là ?

BLAISE *montrant ſon cœur.*

Là.
Jacqueline y porte la main.

BLAISE.

Ah ! r'tirez votre main,
Vl'à mon mal qui s'augmente ſoudain.
Jacqueline le touche encore.
Encor ? Oh ! pour le coup
Laiſſez-moi.

JACQUELINE.

Voyons donc.

BLAISE.

BLAISE.
                    Point du tout.
Ah ! queu tourment !

JACQUELINE *ironiquement*.
Il est bien à plaindre vraiment !
Le pauvre butor !

BLAISE *d'un air de dépit*.
N'faudra-t-il pas que j'aye encor
    Tort !
Moi qui me plains, je l'dois sçavoir, peut-être.
Jarni, c'est avoir du guignon.

JACQUELINE.
Console-toi, va, mon garçon,
Tu n'es pas aussi mal que tu le fais paroître.

BLAISE.
Vous me feriez damner.

JACQUELINE.
            Quoi ! tu viens pour cela
Consulter le Docteur ! tous les secrets qu'il a,
    Crois-moi, ne sont pas ton affaire.
Il te faudroit.... (*à part*.) Je ne sçais comment faire
Pour m'expliquer.... Pourtant il le faut bien,
    Car le nigaud ne s'avise de rien.

BLAISE.
Hé ben, voyons, Mamzelle Jacq'leine,
Dit' moi donc ç'qui faut que je prenne.

C

JACQUELINE.

Air : De tous les Capucins du monde.

C'eſt.... ton cœur devroit te le dire,
Là-deſſus je ne puis t'inſtruire.

BLAISE.

Et morgué, ne barguignez point.
Baillez-nous de vos ordonnances.

JACQUELINE.

Mais tu me parles ſur ce point
Comme ſi j'avois mes licences.

BLAISE.

Et mais qu'voulez-vous, jarnigoi,
Puis-je l'ſçavoir puiſqu'on n'veut pas me l'dire ?
Dès qu'j'en parle on ſe met à rire.

Jacqueline rit.

Et n'vlà-t-il pas auſſi qu'vous vous mocquez d'moi!

JACQUELINE.

Tien, Blaiſe, j'ai pitié de toi.
Bien d'autres de ce mal chaque jour font l'épreuve;
Mais ils en guériſſent bientôt,
Et depuis peu, n'en as-tu pas la preuve ?
Tu connois Jeannette & Jeannot,
Ces deux jolis enfans qui font de ce village
Et l'ornement & le plaiſir ;
Ils ſouffroient comme toi, peut-être davantage :
Hé bien, ils ont ſçu ſe guerir.

OPERA-COMIQUE.

BLAISE.

Et comment, s'il vous plaît ?

JACQUELINE.

Par un bon mariage,
Delà dépend ta guérison.

BLAISE.

Mais morgué vous avez raison.

Air : *Non, je ne croi pas ce que Colin.* N°. 5.

Oui, je crois cela
Très propre au mal qui me tient là.
Mais oui dà,
Ce secret là
Plus sûrement, je crois, me guérira,

Mais dit'-moi, vous qu'en sçavez tant,
Pour l'employer, comm' on s'y prend.

JACQUELINE.

D'une fillette,
Gentille, jeunette
D'abord on fait emplette.

BLAISE.

Sans chanter. Une fillette ?
En chantant. Et mais oui dà,
V'là c'qui m'convient, v'là c'qui m'faudra,
Mais oui dà,

C ij

Ce secret-là
Plus sûrement, je crois, me guérira.

JACQUELINE.

Quelque tems on lui fait la cour,
On la rend sensible à son tour.
Pour l'épouser on prend jour,
On l'épouse, & puis dame la cure est faite.

BLAISE *sans chanter.*

On l'épouse !

En chantant.

Et mais oui dà,
V'là c'qui m'convient, &c.

Et t'nez, pendant qu'j'y suis, il me prend une envie
Jarni c'est tout à point, j'vous aime à la folie,
Vous s'rez ma femme ?....

JACQUELINE.

Eh ! bien ? Il ne l'entend pas mal.

BLAISE.

Puisqu'vous avez trouvé la cause de mon mal,
Et le remede nécessaire,
Si jamais il veut revenir
Ça f'ra morgué que j'n'aurai qu'faire
D'aller si loin pour en guérir.

Qu'en dites-vous ?

JACQUELINE *à part.*

Son air simple m'enchante !
Avec un tel mari je serois plus contente
Qu'avec ce vieux Docteur.

BLAISE.
Vous ne répondez pas,
Un seul mot peut me satisfaire.
JACQUELINE.
Finissons ; ce discours commence à me déplaire.
BLAISE.
Ah ! du moins par pitié tirez-moi d'embaras.

Air : O Pierre, ô Pierre.

Prenez part à ma peine,
Sans vous j'm'en vas périr ;
Si vous fait' l'inhumaine
Hélas ! que devenir ?
Jacq'laine, Jacq'laine,
Me lais'rez-vous mourir ?

JACQUELINE *à part.*
En vérité sa douleur m'intéresse,
Mon cœur me parle en sa faveur.
haut.
Si je pouvois compter sur ta tendresse,
Peut-être un jour....
BLAISE.
Ah ! queu bonheur !
Vous m'ravissez....
JACQUELINE.
Je dépends de ma tante,
Et je ne réponds pas qu'elle approuve mon choix.
BLAISE.
Il faudra bien qu'elle y consente.
JACQUELINE.
Propose-toi.... Mais je la voi.

SCENE XI.
JACQUELINE, BLAISE, LA TANTE.

LA TANTE.

Air : *N'oubliez pas votre houlette.*

Où faites-vous donc là ma fille,
    Ce drille
M'a l'air d'un engeoleur.
Doit-on, quand on a de l'honneur
Près d'un garçon rester seulette.

JACQUELINE.

Toujours un rien vous inquiette.

LA TANTE.
          Coquette.

BLAISE.

Eh! morgué, point d'humeur.
Je parlons à vot' niece en tout bien, tout honneur,
Je n'sons pas pour l'y faire injure
Entendez-vous, not' Tant' future.

LA TANTE.

Air : *Du Confiteor.*

Sa tante future! comment?
Expliquez-moi donc ce mystere.

JACQUELINE.

Ma tante....

OPERA-COMIQUE.

LA TANTE.
Eh ! bien ?
BLAISE.
Mais oui, vraiment,
Pargué, la chose est assez claire ;
N'est-ell' pas vot' niece ?
LA TANTE.
Oui.
BLAISE.
Morbleu
Je serons donc votre neveu.
LA TANTE.
Quels sots propos ! je n'y puis rien comprendre.
BLAISE.
Tenez, pour vous le faire entendre
C'est que j'allons nous marier tous deux,
N'est-il pas vrai ?
JACQUELINE.
Mon cœur vous répond de mes vœux,
Mais il faut aussi que ma tante....
LA TANTE.
La chose est tout à fait plaisante ;
C'est prendre feu bien promptement :
Là, mon ami, tout doucement.
Sçachez que le Docteur doit épouser ma niece.

BLAISE.
Le Docteur ! ah ! voir'ment, c'est une belle espece,
Le joli n'veu qu'vous auriez là.
LA TANTE.
Mais pour parler comme vous faites,
Pourroit-on sçavoir qui vous êtes ?

C iv

LE DOCTEUR SANGRADO;

BLAISE.

Très volontiers ; j'allons vous conter ça.

Air : Ici sont venus en personne.

J'ons d'abord un gros héritage,
Par lad'sus l'Seigneur du village
Est mon parrein, j'suis son fermier.
Not' cousin s'pousse dans la finance
Il s'ra bientôt Commis, que j'pense.
Mon oncle sert un Soufermier,
Blais' mon pere étoit Marguillier ;
Nous, si j'nons pas un biau langage,
J'n'en f'rons pas plus mauvais ménage :
Vantez qu'ça vaut ben tout l'Latin
De votre maudit medecin.

LA TANTE *à part.*

Cela mérite qu'on y pense.
Mais dans tout ses discours j'ai peu de confiance.

JACQUELINE.

Air : Hélas ! maman, pardonnez je vous prie.

Quoi ! voulez-vous me rendre malheureuse !
Je n'aimerai jamais ce vieux Docteur.
Hélas ! l'himen n'est qu'une contrainte affreuse
Quand un époux ne peut avoir notre cœur.
Quoi ! voulez-vous, &c.

BLAISE.

C'est fort ben dit not' amoureuse.

à la Tante.

Et mais morgué, laissez-vous attendrir.

LA TANTE.

Non, non, je n'y puis consentir.

JACQUELINE.

à part. Hélas ! *haut.* Ah ! par grace, ma tante,
Donnez-moi Blaise pour époux.
Avec lui seul je peux vivre contente.

LA TANTE.

Croyez-vous ce qu'il dit, il se mocque de vous.

TRIO. De M. La Ruette.

La Tante.	Rentrez chez-nous.
Blaise.	Point de courroux.
Jacqueline.	Tout doux, tout doux.
La Tante.	J'ai besoin d'elle.
Jacqueline.	Point de querelle.
Blaise.	Point de querelle Encor un coup.
La Tante.	J'ai besoin d'elle Encor un coup.
Blaise.	Et moi itou.
La Tante.	Mais le Docteur Quand il viendra Tempêtera.
Jacqueline.	Oh! le Docteur S'appaisera.
Blaise.	Oh! le Docteur On lui parl'ra, On l'réduira. Et vous not' Tante.
Jacqueline.	Tai toi. Ma Tante.
La Tante.	Impertinente. Quoi! sans sçavoir C' qu'il peut avoir....
Jacqueline.	Hé! bien, ma Tante Allons-y voir.
Blaise.	Hé! ben not' Tante, Venez-y voir.
La Tante.	Allons donc voir, Allons donc voir.

Ils sortent.

SCENE XII.

SANGRADO, LE NOTAIRE, DEUX TEMOINS.

SANGRADO.

Air : Quand un tendron. N°. 6.

AVec soin j'ai sçu la former,
Elle est propre au ménage ;
Je sçaurai bien m'en faire aimer
En dépit de mon âge.
Loin de tous les amoureux,
  Chez moi je veux
  La tenir là.
   La la.
Oh ! oh ! oh ! ah ! ah ! ah !
Je ne suis pas dupe en cela
   La la.

LE NOTAIRE.

Mineur de l'air precédent.

C'est mafoi Monsieur le Docteur,
 Agir en homme sage.
Il faut pour mieux gagner son cœur
 Lui faire un avantage.

Sangrado & le Notaire se parlent bas.

OPERA-COMIQUE.

UN TEMOIN.

Oui, mais avec ce tendron là,
Bientôt le bonhomme en aura
La, la, la, la, la, la,
Bientôt le bonhomme en aura
La, la,
Oh! oh! oh! ah! ah! ah!
A sa mine on le voit déja
La, la.

SCENE XIII. & derniere.

Les Acteurs précédens. JACQUELINE, LA TANTE & BLAISE *au fond du Théâtre.*

BLAISE *au fond du Théâtre.*

Oh! oh! oh! oh! ah! ah ah! ah!
Pour un moment cachez-vous là.
La, la.

SANGRADO.

Air: C'est un enfant.

J'entends quelqu'un, ah! bon, c'est Blaise,
Vous allez vous réjouir,
De ce benêt tout à votre aise
Vous pouvez vous divertir.
L'amour le tourmente,
Le sot se lamente,
Il ne sçait pas ce qu'il lui faut.

LE DOCTEUR SANGRADO;

LE NOTAIRE ET LES TEMOINS.

Ah! le nigaud! ah! le nigaud!

SANGRADO.
Même air.

Pour ſon mal il cherchoit de l'aide;
Ma foi le trait eſt nouveau;
A ce butor pour tout remede
Je n'ordonne que de l'eau.
Plein de confiance
Pour mon ordonnance,
Il va boire tout auſſitôt.

Blaiſe arrive.

TOUS.

Ah! le nigaud! ah! le nigaud!

BLAISE.
Même air.

Mais, mais, queu diabl' voulez-vous dire.

SANGRADO.

Hé! bien, comment te porte tu?

BLAISE.

Ah! morgué, vous avez beau rire,
Votre eau n'a point de vertu.
C'eſt Mamzel' Jacqu'leine
Qui m'a tiré d'peine,
Et j'vais l'époufer, d'mandez plutôt,
Ah! le nigaud! ah! le nigaud!

OPERA-COMIQUE.

UN TEMOIN *au Docteur.*
Hé! bien, qu'en dites-vous, comperes
SANGRADO *à Jacqueline.*
Oferiez-vous donc me trahir?
LA TANTE.
Blaife a feul le don de lui plaire,
Je confens à les unir.
JACQUELINE *tenant Blaife.*
L'amour nous engage.
SANGRADO.
Perfide, volage.
BLAISE.
Eh! riez donc comme tantôt.
TOUS *au Docteur.*
Ah! le nigaud! ah! le nigaud!

SANGRADO.

CHŒUR De M. LA RUETTE.
Quel tour affreux.
BLAISE, JACQUELINE.
Quel jour heureux!
Aimons nous fans partage.
LES TEMOINS.
Le pauvre époux,
Y penfiez vous!
LE NOTAIRE.
C'eft folie à votre âge.
SANGRADO.
Chacun rit. Quel affront nouveau!

LA TANTE.
Doucement, Monsieur Sangrado.
BLAISE & les autres.
Buvez de l'eau,
Buvez de l'eau,
C'est pour vous rendre sage.
JACQUELINE.
Même air.
Comme il est sot.
BLAISE.
Le vieux magot !
SANGRADO.
C'est trop me faire outrage.
BLAISE.
Il fait l'méchant.
JACQUELINE.
C'est fort touchant.
SANGRADO.
Je n'y tiens plus, j'enrage.
LE NOTAIRE.
La fureur lui porte au cerveau.
BLAISE.
A vot' tour Monsieur Sangrado,
Buvez de l'eau,   *bis*
C'est pour vous rendre sage.

Ils s'en vont tous en se mocquant du Docteur.

OPERA-COMIQUE.

AIRS DU DOCTEUR SANGRADO, OPERA-COMIQUE.

N°. 1. *Le Vieux.*

Avec moi viens, mignone, ma mi-e, Ton plaisir est mon u-nique ob-jet; Le Docteur va remplir notre en-vi-e, Nous sçaurons de lui quelque se-cret; Il ne faut né-gliger rien; Un peu d'aide fait grand bien. *Il tousse.*

Iere. Variation. *La jeune Femme.*

Depuis trois ans je suis en mé-na-ge, Je ne

peux me voir un seul enfant, Mon pauvre homme a  mis tout en u- sage; Mais he- las! c'est i-nuti-le-  ment: A vous nous a- vons; re- cours; Donnez-nous quelque se- cours.

IIme. Variation. Le Docteur.

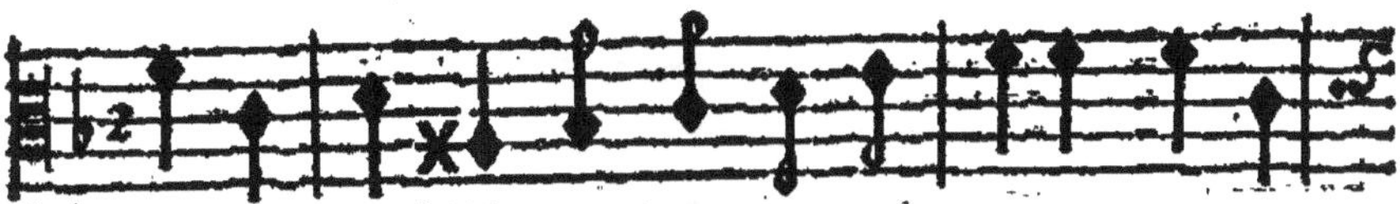

DE Paſ- ſy prenez l'eau ſouve- raine, Il n'eſt  rien de ſi bon que ce- la. D'un en- fant ſo-  yez ſu- re, ma Reine, Il ne faut que ce voya-ge

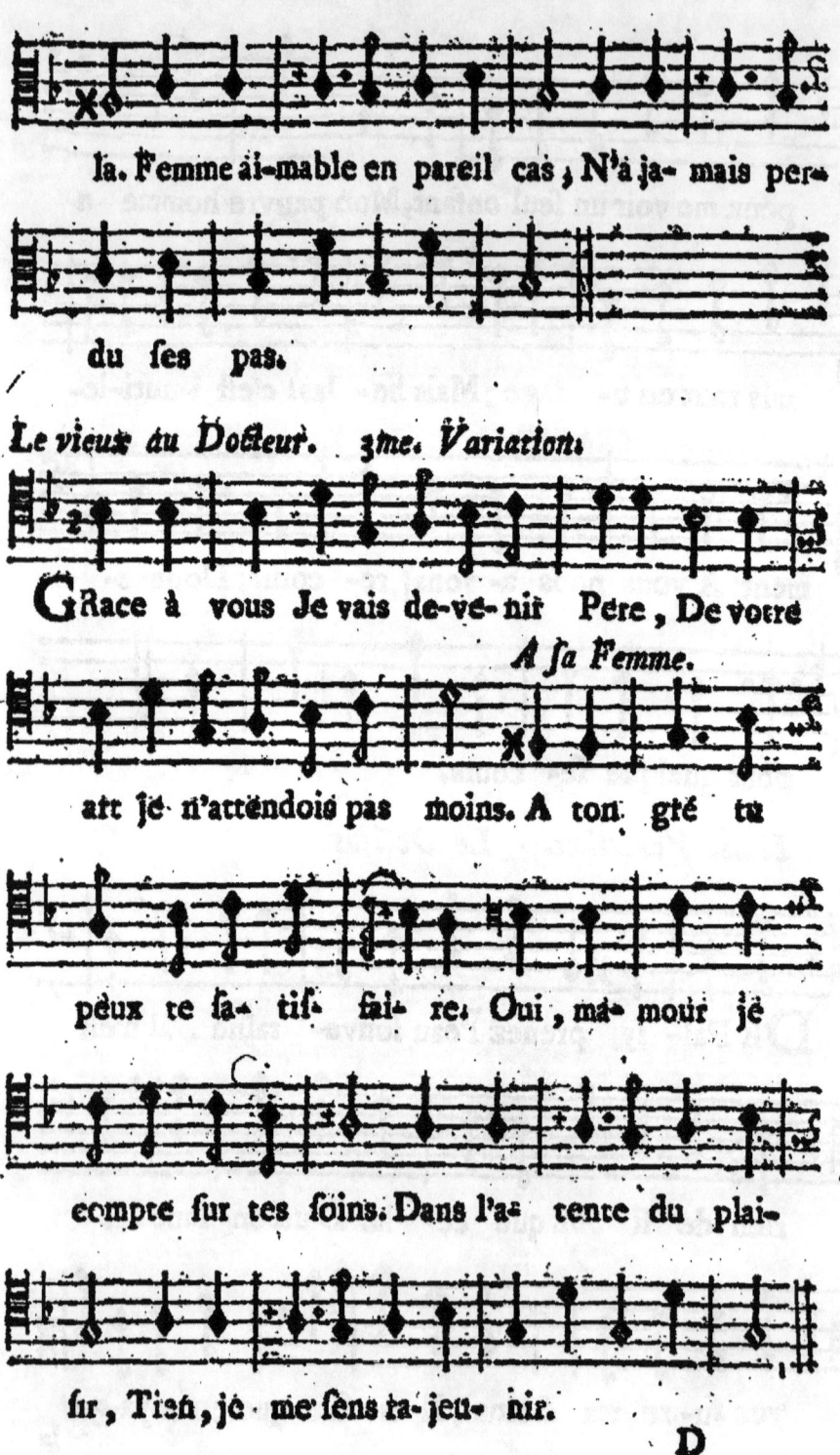

LE DOCTEUR SANGRADO,

N° 2. Le Docteur.

Blaise. LE Vin est

On ne peut trop che- rir un mor- tel ve- nin, Di- sent tous nos Doc-

le vin, Vo- yez tous nos Bu-

teurs, gens sça- vans, qu'on doit croire ; L'eau

veurs, bons vi- vans, qu'on peut croire ; L'Eau

nous fait cent fois plus de bien, De bien, de

n'est qu'un breuva- ge de chien, De chien, de

OPERA-COMIQUE.

LE DOCTEUR SANDRADO,

ce un seul mo-ment, Prends garde à toi, le

ce en ce mo-ment, C'est qu'jarni- goi le

cas est d'im por- tan- ce; Sans es- poir de

cas est d'im por- tan- ce; Sans es- poir de

sou- la- ge- ment.   A- vec ton

sou- la- ge-ment. Avec votre eau, votre

vin, ton vin. Crois- moi, crois- moi; A-

eau, mor- gué, Avec votre eau mor- gué; A-

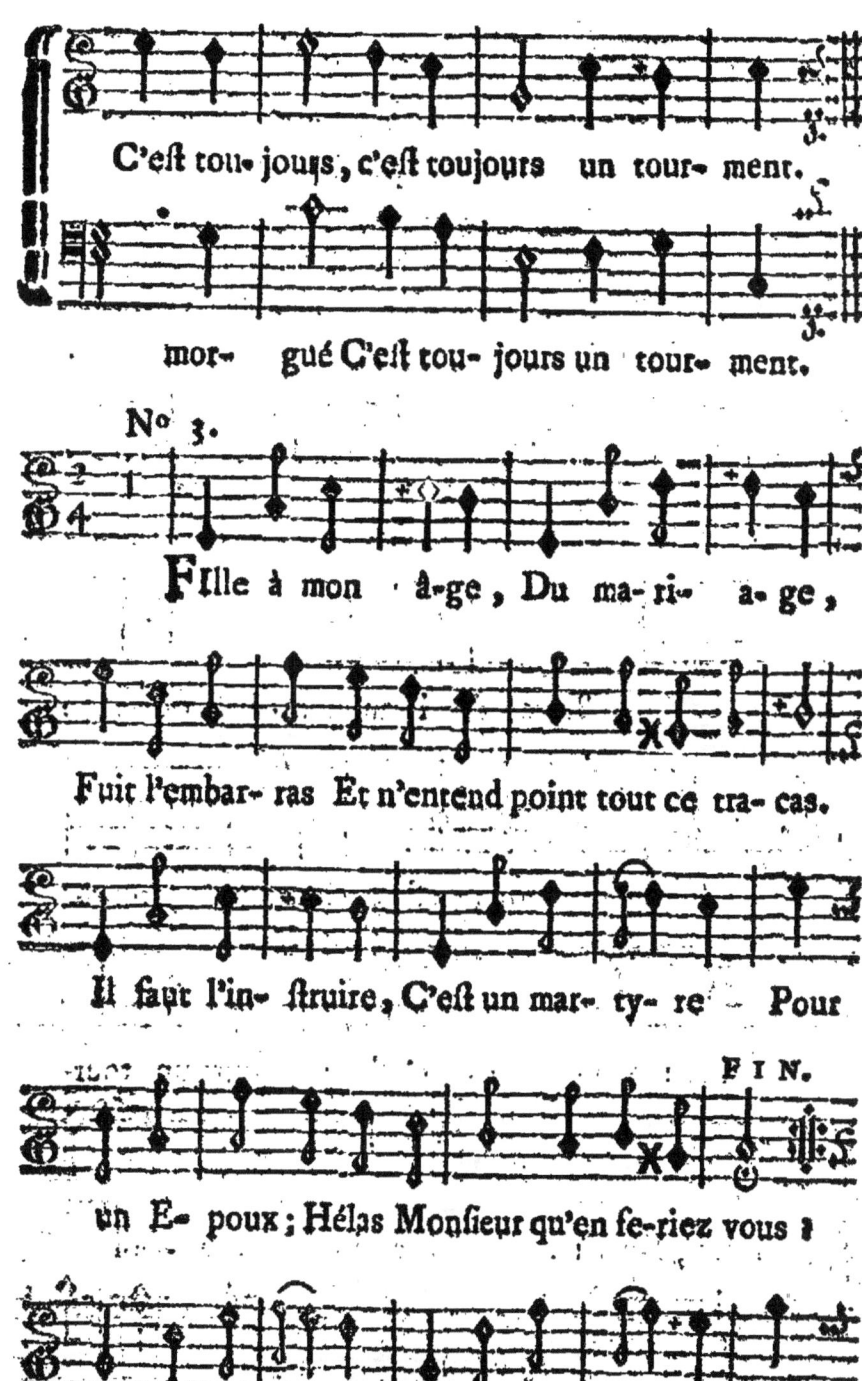

LE DOCTEUR SANGRADO

C'est tou-jours, c'est toujours un tour-ment.

mor- gué C'est tou-jours un tour-ment.

Nº 3.

FIlle à mon â-ge, Du ma-ri-a-ge,

Fuit l'embar-ras Et n'entend point tout ce tra-cas.

Il faut l'in-struire, C'est un mar-ty-re Pour

un E-poux; Hélas Monsieur qu'en fe-riez vous?

Pour baga-tel-le, Souvent la Bel-le, Entre

OPERA-COMIQUE.

en courroux On est forcé de filer doux, Si le mari prend le haut ton Quel carillon, Dans la maison, C'est un dragon, C'est un Demon. Fille à mon âge &c.

N° 4.

Basse-Continue.

OPERA-COMIQUE.

Mais dit'moi, vous qu'en sçavez tant Pour l'employer,

Jacqueline.

comme on s'y prend. D'une fillet- te; Gen-

tille, jeunette, D'a- bord on fait emplet- te.

Baise.

Et mais oui dà, Vlà ç'qui m'convient, vlà

ç'qui m'fau-dra, Mais oui- da, ce se-cret

là Plus fu-re- ment, je crois, me gué-ri- ra.

Jacqueline.

Quelque tems on lui fait la cour, On la

APPROBATION.

J'AI lû par ordre de Monseigneur le Chancelier, *Le Docteur Sangrado, Opera-comique*, & je crois que l'on peut en permettre la représentation & l'impression. A Paris, ce 20 Février 1758.

CREBILLON.

Le Privilége & l'Enregistrement se trouvent à la fin du tome 3e. du Nouveau Recueil des Piéces représentées sur le Théâtre de l'Opera-Comique depuis son rétablissement.

LE MEDECIN DE L'AMOUR,

OPERA-COMIQUE.

EN UN ACTE;

Par M. ANSEAUME,

Mis en Musique par M. LARUETTE;

Représenté pour la premiere fois sur le Théâtre de la Foire St. Laurent, le 22 Septembre 1758.

Le prix est de 24 sols avec les petits Airs, La Musique des Ariettes se vend séparément.

A PARIS,

Chez N. B. DUCHESNE, Libraire, rue S. Jacques, au-dessous de la Fontaine S. Benoît, au Temple du Goût.

M. DCC. LVIII.

Avec Approbation & Privilége du Roi.

ACTEURS.

Mr GERONTE, *Bailli*,　M. BOURET.

LEANDRE, *Fils de M. Geronte*,
　　　　　　　　　　M. DE St. AUBERT.

GUILLOT, *Valet de M. Geronte*, M. DELISLE.

Dme. PERETTE, *Mere de Laure*,
　　　　　　　　　　Mlle DESCHAMPS.

LAURE, *promise au Bailli*, Mlle. VILLEMONT.

UN MEDECIN,　　　　M. LA RUETTE.

La Scene est devant la Maison du Bailli.

Les Couplets marqués d'une étoile * sont de M. DE MAR-
COUVILLE, qui a fait la Scene VI. & le Canevas des Scenes
VII. & XIV. sur le plan de l'Auteur.

LE MEDECIN DE L'AMOUR,
OPERA-COMIQUE.

SCENE PREMIERE.
LE BAILLI, GUILLOT.
LE BAILLI.

Eh bien Guillot, comment va mon Fils?
GUILLOT.
Pas trop bien.
LE BAILLI.
Que fait-il?
GUILLOT.
Il soupire.
LE BAILLI.
Et que dit-il?

A ij

LE MEDECIN DE L'AMOUR,

GUILLOT.
Rien.
LE BAILLI.
Rien!
GUILLOT.
Non, vraiment, pas le mot ; soupirer & se taire,
Voilà, Monsieur, ce qu'il sçait faire.

LE BAILLI.
Ne rompra-t-il jamais ce silence fatal ?
Quoi, l'on ne peut sçavoir de lui quel est son mal ?

GUILLOT.
Hé, comment voulez-vous qu'il puisse vous le dire,
S'il n'en sçait rien lui-même.

LE BAILLI.
Allons, tu me fais rire ;
Que Diable, on se sent bien, Guillot.

GUILLOT.
Oui, l'on se sent,
Parce qu'on souffre, mais on n'en sçait pas la cause.
Et tous vos Médecins qui d'un ton imposant,
Parlent si bien de toute chose,
Vous ont-ils mieux instruits ? C'est pour eux lettre close,
Ils n'y connoissent goûte avec tout leur Latin.

LE BAILLI.
Il est vrai, tout cela m'afflige ; car enfin,
Guillot, j'aime mon Fils, & si sa maladie
Au printemps de ses jours alloit finir sa vie....

OPERA-COMIQUE.

Air. *Des Proverbes.*

S'il en mouroit ! hélas ! le Ciel m'en garde....

GUILLOT.

Hé bien, Monsieur, s'il étoit trépassé
Vous épousez une jeune égrillarde,
Vous l'auriez bientôt remplacé.

LE BAILLI.

Tu ris, ce n'est pas toi que la chose regarde.
Tu parlerois alors bien autrement.
Mais quand je pense, hélas ! que c'est le seul enfant
Que ma défunte m'ait pû faire,
Qu'il est tout élevé, qu'il est sage, & qu'il faut
S'attendre à le perdre bien-tôt,
Ah ! quel creve-cœur pour un Pere !

GUILLOT.

Air. *Tout est dit.*

Qu'est devenu cet habile homme
Dont vous faisiez tant de récit ;
Cet Empirique qu'on renomme
N'a-t'il plus chez vous de crédit ?

LE BAILLI.

Si fait, vraiment, nous l'aurons quoiqu'il coûte,
De son sçavoir j'attends beaucoup de fruit,
Ou bien sans doute,
Tout est dit.

GUILLOT.

Non, non, tout n'est pas dit. Je n'ai point d'élo-
quence,
Je ne sçais ni Latin ni Grec,
Mais quelquefois je pense, & parlant par respect,
Je crois, si l'on vouloit écouter ma Sentence.....

LE BAILLI.

Que ne proposes-tu, voyons,
On prend tous les avis, dans ces sortes d'affaires,
Quel est ton sentiment ?

GUILLOT *gravement.*

Je ne m'y connois guères,
Ou ce mal là n'est pas ce que nous en pensons.
Votre Fils n'est encor qu'à sa vingtième année.

LE BAILLI.

Oui.

GUILLOT.

Vous, vous êtes vieux.

LE BAILLI.

Bon ! bon !

GUILLOT.

A soixante ans,
On peut passer pour avoir fait son temps ;
Mais brisons là-dessus.

LE BAILLI.

Soit.

GUILLOT.

Demain l'hymenée
D'un Objet tout charmant vous rendra possesseur.

OPERA-COMIQUE.

LE BAILLI.

J'y compte.

GUILLOT.

Or c'est en quoi vous avez tort, Monsieur:

Air. *Non, je ne ferai pas.*

Car au lieu d'épouser une femme vous-même,
C'étoit lui qu'il falloit marier.

LE BAILLI.

Quel système !
L'un n'empêche pas l'autre, & s'il veut comme moi
De l'Hymen en ce jour il peut subir la loi.

Il ne tiendra qu'à lui, mais dis en conscience,
T'auroit-il là-dessus fait quelque confidence ?

GUILLOT.

Non, c'est moi qui devine ça,
En le voyant ainsi rêveur, mélancolique ;
Moribond, & tout prêt à devenir étique ;
Je gagerois qu'il est amoureux.

LE BAILLI.

Mais, oui-dà.
Léandre est amoureux, voilà tout le mystére.
Il a de qui tenir pour cela, le Compére.
Il faut sçavoir pour qui son cœur est prévenu ;
Et lui faire épouser au plûtôt. Qu'en dis-tu ?

GUILLOT.

C'est mon avis.

LE BAILLI.

Et c'est celui que je préfére.

A iv

Va le voir de ma part, tache de t'éclaircir,
Dis-lui que mon dessein est de le satisfaire,
Qu'il te nomme l'Objet qui flatte son désir ;
Et que je ferai tout pour lui faire plaisir.

GUILLOT.

Je vais vous l'amener ; sur tout ce qui le touche,
Vous sçaurez mieux tirer un aveu de sa bouche ;
A vous ouvrir son cœur il sera plus hardi.

LE BAILLI.

Vas donc vîte. Pour moi, je vais t'attendre ici.
(Guillot sort.)

SCENE II.

LE BAILLI *seul*.

ARIETTE *notée*. 1.

Quel plaisir j'aurois,
   Si je pouvois
  En même journée,
Par un double Hyménée
Rendre heureux mon Fils ;
Tous mes désirs seroient remplis.
Heureux Epoux, heureux Pere,
Je n'aurois plus rien à faire,
Qu'à me donner du bon temps :
Je rassemblerois à ma table
Une Famille toute aimable,
Ma Bru, ma femme & mes Enfans.

OPERA-COMIQUE.

Je serois là
Comme un Papa,
Ou comme un Roi
Donnant la loi.
Ah, ah, ah, ah!
On dira tout ce qu'on voudra,
C'est un grand plaisir que cela.

SCENE III.
LE BAILLI, GUILLOT, LÉANDRE.

GUILLOT *à Léandre.*

Oui, vous dis-je, Monsieur Géronte
Est un cœur, dame un cœur, oh! comme il n'en est
  point,
Il fera tout pour vous; en récompense, il compte
Que vous lui parlerez clair & net sur un point.
Et soit dit entre nous, il a droit de l'attendre;
Il veut sçavoir de vous vos secrets.

LE BAILLI.
Oui, Léandre,
Traitez-moi, j'y consens, comme un de vos amis,
Je t'en conjure, mon cher Fils.

LÉANDRE *soupire.*
Ah!

LE BAILLI.

Tu soupires ! dis-moi ce qui peut te déplaire,
  Est-ce que tu n'as point d'argent ?
  Je t'en donnerai, mon Enfant.
Es-tu fâché de voir que je me remarie ?
  Point de souci là-dessus, je te prie ;
  J'ai ménagé tes intérêts ;
  Et puis la petite personne
Que je dois épouser, est si douce, si bonne…
Tu l'aimerois aussi, si tu la connoissois.
Est-ce que tu voudrois ; (car enfin à ton âge
C'est le temps d'y penser) tâter du mariage ?
  Très-volontiers ; dis-moi quel est l'Objet,
Pour qui ton cœur soupire, & dans l'instant c'est fait.
  Parles, que rien ne te retienne,
Nous ferons dès ce jour ta nôce avec la mienne,
Entends-tu ? Réponds donc à mon empressement.

GUILLOT.

Vous y voilà, Monsieur ; qui ne dit mot consent.

LE BAILLI.

Air. Faut-il qu'une si foible plante.

  Hé bien, d'où vient donc cette gêne ?
  Est-ce la honte qui te tient ?
  Crains-tu que je blâme ta chaîne ?
  L'Objet te plaît, il me convient.
  Lorsque tu marches sur mes traces
  Peux-tu craindre quelques disgraces?

En faisant comme moi, crains-tu de t'égarer ?
Je suis plus vieux que toi, puisque je suis ton Pere.

Cela m'empêche-t'il d'aimer, de soupirer ;
De publier par-tout combien Laure m'est chère,
Ma chère Laure, j'en suis fou !

GUILLOT.

Par ma foi, c'est pousser trop loin la modestie;
Soyez sage, d'accord, & non pas loup-garou.
Après-tout, si l'Amour étoit une folie,
Votre âge porte son pardon.
Vingt ans ! ah ! jarnigoi, ces momens de la vie
Appartiennent de droit au Seigneur Cupidon.

LÉANDRE.

ARIETTE notée 2.
Ce Dieu sur moi n'a point d'empire,
J'ai sçu le fuir jusqu'à ce jour ;
Si quelquefois mon cœur soupire,
Non, non, non, ce n'est pas d'amour.

LE BAILLI.

Chansons que tout cela ; nous sçavons le contraire.

GUILLOT.

Hé ! sans doute, tenez, Monsieur, laissez-moi faire,
Je m'en vais lui parler.

LE BAILLI.

Oui, tâche, tâche un peu.

GUILLOT à Léandre.

Nous sçavons bien à quoi nous en tenir. Morbleu,
Laissez-là les détours, & parlez sans mystère.

Encor si l'on disoit : mon Pere est un brutal,
Un avare, un vieux fou qui radotte ....

LE BAILLI.

Animal !

Que lui dis-tu là ?

GUILLOT.

(à Léandre.) Rien. C'est que je le sermonne.
Mais, vous voyez vous-même, il est bonne personne,
Hé bien,...

LÉANDRE.

Hé bien ?

GUILLOT.

Hé bien, convenez donc...

LÉANDRE.

De quoi ?
Pour vous plaire faut-il inventer un mensonge ?

GUILLOT.

Un mensonge ! allons donc, vous badinez, je croi.
L'autre jour au jardin, ceci n'est point un songe,
Quand vous étiez assis à l'ombre d'un buisson
  Soupirant à perte d'haleine,
  Et que d'un ton de Céladon
Vous contiez aux échos votre amoureuse peine,
Hem, vous en souvient-il ?

LÉANDRE.

Que disois-je, voyons ?

GUILLOT.

Ma foi, je n'en sçais rien ; mais vous chantiez, oh,
 dame !
Je ne sçais quoi de tendre, & qui me touchoit l'ame,
Il sembloit que l'Amour vous inspirât des sons.

LÉANDRE.

Air. Tant de valeur.

Je chantois la douceur extrême
Que goûte un cœur qui n'aime rien.

GUILLOT.

Vous chantiez, je m'en souviens bien,
Le plaisir qu'on a, quand on aime.
Et preuve de cela, vous disiez que l'Amour....
Quand on se livre à sa puissance....
Est cause que l'indifférence....
Nous quitte... & par ainsi, que chacun à son tour.

LÉANDRE.

Tu vas voir ton erreur extrême,
Je vais la répéter, décides-en toi-même.

ARIETTE notée 3.

Amour funeste
Que je déteste,
Heureux cent fois
Qui peut toujours frauder tes droits.
Amour funeste
Que je déteste,
Heureux cent fois
Qui n'a jamais connu tes loix.
D'une tranquille indifférence
On ne sent pas assez le prix;
Quand on se livre à ta puissance,
On s'apperçoit trop tard du piége où l'on est pris.
Amour funeste, &c.

LE BAILLI.

Tien, Guillot, laisse-le tranquille,
Nous prenons tous les deux une peine inutile.
Il est trop entêté.

GUILLOT.

Ma foi, mon cher Monsieur;
Voyez donc ce fameux Docteur,
Peut-être il y verra plus clair que nous.

LE BAILLI.

Sans doute.

GUILLOT.

Moi, je crois qu'il n'y verra goute,
Il vous amusera comme les autres.

LE BAILLI.

Non.
Celui dont il s'agit est homme de renom,
Un ancien ami. Je l'ai prié par lettre
Si son temps pouvoit lui permettre
De venir prendre l'air une quinzaine ici,
Qu'il m'obligeroit fort. Je l'attends aujourd'hui ;
Et tandis que je vais chez la Mere de Laure
Pour des arrangemens qui nous restent encore,
Vas, Guillot, au-devant de lui.

GUILLOT.

Air. *Le Masque tombe.*

Dans le moment je pars.

LE BAILLI.

Adieu, Léandre.
(*Ils sortent.*)

SCENE IV.

LÉANDRE *seul*.

Suite de l'air précédent.

QUE j'ai souffert durant cet entretien.
Mais par malheur ce n'est encore rien,
Au prix des maux auxquels je dois m'attendre.

ARIETTE *Notée* 4.

Ah ! quel tourment,
Pour un Amant,
De soupirer & de n'oser le dire,
Ah ! quel tourment,
Pour un Amant,
D'être réduit à cacher son martyre !
L'Amour qui régne dans mon cœur,
M'enchaîne sous ses loix en m'ôtant l'espérance,
Un rigoureux devoir me condamne au silence,
Et le silence augmente mon ardeur.
Ah ! quel tourment, &c.

Air. *Romance de Daphné.*

Toujours occupé de Laure,
Pour elle je meurs d'amour ;
Mais cette Belle l'ignore ;
Et mon Pere qui l'adore,
Va l'épouser en ce jour.

SCENE V.
LÉANDRE, GUILLOT, LE MÉDECIN.

GUILLOT au Médecin.

Air. Quand Biron voulut danser.

Tout ce que nous avons fait
N'a produit aucun effet,
Malgré les soins qu'on a pris,
Cela va de mal en pis.
Tout le blesse, le chagrine,
Quand on rit, il fait la mine ;
Une sombre humeur
Mine en secret son cœur.

LE MÉDECIN.

Il est triste, dis-tu ?

GUILLOT.

Plus qu'on ne sçauroit dire.

LE MÉDECIN.

Rêveur !

GUILLOT.

Oui, c'est un songe creux,
Souvent il parle seul, il gémit, il soupire,
J'ai même vû des pleurs qui couloient de ses yeux.

LE MÉDECIN.

OPERA-COMIQUE.

LE MEDECIN.

Comment est-il avec son Pere ?
Vivent-ils bien ensemble ?

GUILLOT.

On ne peut mieux ;
Le pauvre homme se désespere.

LE MEDECIN.

Quand pourrai-je le voir ?

GUILLOT.

Il n'est pas en ces lieux :
Mais vous voyez son Fils.

LE MEDECIN.

Bon jour, mon cher Léandre ;
Comme le voilà grand ! Je l'ai vû si petit !
Hé ! bien, qu'est-ce que c'est ? on dit
Qu'au chagrin vous vous laissez prendre ;
Fi, cela ne vaut rien. Voyons donc ce pouls - là.
Plaît-il ? Doucement donc. Quel accès vous transporte ?
Bon, je ne le sens plus. Qu'est-ce donc que cela ?
Oh ! nous vous ferons bien marcher d'une autre sorte;
Ça, parlez-moi confidemment.
Comment vont vos amours ?

LÉANDRE.

Moi ?

LE MEDECIN.

Sans doute, vous-même;

LE MEDECIN DE L'AMOUR,

LÉANDRE.
Je n'en ai point.
LE MEDECIN.
Tant pis. Mais j'en juge autrement.
GUILLOT.
C'est bien dit : le Docteur entre dans mon système.
LE MEDECIN.
A votre air interdit, au trouble de vos sens,
Je gage deviner quels sont vos sentimens.

Air. Approchez, mon aimable Fille.

Pour rendre la chose frappante,
En secret l'Amour vous tourmente
Pour quelque Belle du Canton....

LÉANDRE.
Moi ! non.
LE MEDECIN.
Vous voulez en vain me le taire ;
Je trouve le contraire en votre expression.

LÉANDRE.
Non, non.
LE MEDECIN.
Parlez-moi sans mystere,
Je vous peux servir aujourd'hui.

LÉANDRE.
Nenni.
Vous n'y pouvez rien faire.

OPERA-COMIQUE.

LE MEDECIN.
Vous croyez me tromper, mais je m'y connois bien.

LÉANDRE.
Il n'en est rien. Il n'en est rien.

LE MEDECIN.

ARIETTE notée. n°. 5.

Le désaveu que vous en faites,
Ne sçauroit m'induire en erreur.
Si l'on peut résister à ce penchant flatteur,
Ce n'est pas dans l'âge où vous êtes.
Voyez, comme on nous peint l'Amour;
Sous les traits d'un enfant on nous le représente,
Des Nymphes la troupe galante,
Les plaisirs & les jeux embellissent sa Cour.
Tout ne vous dit-il pas, ou ma raison est fausse,
Que la saison d'aimer est celle des beaux jours,
Que la jeunesse sans amours
Est une vieillesse précoce.

GUILLOT.
Il est vieux en ce cas, & plus vieux que son Pere.

LE MEDECIN.
Quoi! parmi les Beautés que l'on trouve en ces lieux,
Aucune n'a frappé ses yeux?
Aucune encor n'a sçu lui plaire?

LÉANDRE, *appercevant Laure avec son Pere, s'enfuit.*

Ciel! que vois-je?

B ij

LE MEDECIN DE L'AMOUR;

LE MEDECIN.

Il s'enfuit. Qu'est-ce qui lui fait peur ?

GUILLOT.

Oh ! c'est qu'il voit du monde, & voilà sa manie ;
Il ne sçauroit souffrir la compagnie,
C'est mauvais signe encor, n'est-il pas vrai, Monsieur?

SCENE VI.

LE MEDECIN, LE BAILLI, LAURE, Dame PERRETTE.

LE MEDECIN.

Bon jour, mon vieil ami.

LE BAILLI.

Ah ! c'est vous ! serviteur ;
Comment vous va, mon cher Docteur ?

LE MEDECIN *souriant*.

Très-bien. Et vous ?

LE BAILLI.

Tout au mieux, je m'en vante.

LE MEDECIN.

Je vous en félicite. Eh ! quel est cet Objet ?

LE BAILLI.
C'est ma Future.
Dame PERRETTE *faisant une révérence.*
Elle est votre servante.
LE MEDECIN.
Quel tein fleuri ! quels yeux ! elle est charmante !
LAURE *faisant la révérence.*
Vous êtes bien poli.
LE BAILLI.
C'est un joli sujet ?
Comme vous le voyez.
LE MEDECIN.
Ah ! tudieu, mon Compere ;
Vous êtes connoisseur, &.... sans beaucoup d'effort
Vous espérez devenir encor Pere,
N'est-il pas vrai ?
LE BAILLI.
Sans doute, je l'espére.
LE MEDECIN.
C'est fort bien fait à vous, & votre Fils a tort,
De n'en pas faire autant.
LE BAILLI.
C'est ce qui me chagrine.
Dame PERRETTE.
Ce cher Enfant ! il ne va donc pas mieux !

LE MEDECIN DE L'AMOUR,

LE BAILLI.

Non.

Dame PERRETTE.

Tant pis.

LE MEDECIN.

Je l'ai vû. Ce n'est rien.

Dame PERRETTE.

Ah! tant mieux!
Monsieur sçait ce qu'il faut, & queuque médecine
Va le mettre en état.

LE MEDECIN.

Oui, je le guerirai!

LE BAILLI.

Mon cher Docteur, combien je vous devrai.

Air. *Du Cap de Bonne Espérance.*

✱ Léandre m'est cher, sans doute,
Je crains de le voir mourir.

LE MEDECIN.

Allez, sans qu'il vous en coûte,
Je sçaurai bien le guérir.
Je connois un spécifique,
Un immanquable topique,
Qui par un effet charmant
Guérit radicalement.

Air. *La Bonne aventure!*

✱ Mon reméde est éprouvé,
Ma recette est sûre.

LE BAILLI.
Mais où l'avez-vous trouvé ?

LE MEDECIN.
C'est dans la nature.
Sur la cause & les effets,
Je ne me trompe jamais.

TOUS.
La bonne aventure,
O gué,
La bonne aventure !

Dame PERRETTE.
L'habile homme, Monsieur le Bailli !

LE BAILLI.
Croyez-vous ?

Dame PERRETTE.
Que ne vient-il souvent chez nous,
Jarni qu'il auroit de pratique ?

LE MEDECIN.
Mais avant d'appliquer mon souverain topique,
Il faut sçavoir préparer le sujet,
Le remede en fait plus d'effet.

LE BAILLI.
Oui, vous avez raison.

LE MEDECIN.
Entre nous, ma méthode

N'est pas celle de nos Docteurs ;
Mais je veux la mettre à la mode
En dépit de tous ces Messieurs.
Et voici quelle est ma maxime :
Au lieu d'un sévére régime,
J'ordonne un récipé joyeux
D'amusemens, de musique, & de danse.
Le chant par ses accords, pour le genre nerveux
Est souverain, l'humeur qui le condense
Et l'épaissit, se détend, se dissoud,
La bile se fond, se resoud,
Et la danse bien-tôt, compagne de la joie
Par ses doux mouvemens, & par son action,
Des vaisseaux engorgés débarrasse la voie,
Excite par degrés la transpiration,
Et d'un sang glutineux détruit l'obstruction.

Dame PERRETTE.

Air. *Entre l'amour & la raison.*

Que c'est bien dit ! qu'il a d'esprit !

LE MEDECIN *au Bailli.*

Vous m'entendez ?

LE BAILLI.

Sans contredit.
La cause même est physique.

LE MEDECIN.

Sans moi vous seriez-vous douté
Qu'on pût rétablir la santé
Par la danse & par la musique ?

LE BAILLI.
Non vraiment.
LE MEDECIN.
Mais auſſi c'eſt un ſecret nouveau.
Dame PERRETTE.
J'avions un medecin, ce n'étoit qu'une bête,
Pour tous les maux il ordonnoit de l'eau.
LE MEDECIN.
Ah! ah! n'étoit-ce pas le Seigneur Sangrado?
Je l'ai fait déguerpir, il en a ſur la crête.
LE BAILLI.
Vous le guérirez donc?
LE MEDECIN.
Oui, je vous l'ai promis
Or donc, qu'à l'inſtant on apprête
Pour l'amuſer un peu quelque petite fête.
LE BAILLI.
Très-volontiers.
LE MEDECIN.
Avez-vous des Acteurs?
Dame PERRETTE.
J'en avons de toutes couleurs.
Vous n'aurez qu'à choiſir, notre ferme eſt remplie
De gaillards qui n'avont point de mélancolie.
LE MEDECIN.
à Laure.
Bon, c'eſt ce qu'il nous faut... A cette aimable enfant
Il faut auſſi qu'on s'efforce de plaire.
De la nôce, Bailli, c'eſt le préliminaire,
On ne peut mieux commencer qu'en danſant;
Pour la concluſion, ce ſera votre affaire.
(Elle ſort.)

SCÈNE VII.

LE BAILLI, LAURE, D^{me} PERRETTE.

LE BAILLI.

Vous le voyez, charmante Laure,
Vous êtes l'astre de ces lieux,
Vos regards vont y faire éclore
Au lieu de fleurs, les plaisirs & les Jeux.
Déja tout le monde s'empresse
A partager mon allegresse ;
Du bonheur qui m'attend tous les cœurs sont joyeux.

Dame PERRETTE.

Vous le méritez bien, tout le monde vous aime,
Vous êtes du canton l'oracle & le soutien,
Et voilà ce que c'est de se comporter bien ;
Car de tous les Baillis on ne dit pas de même.
Aussi pour disposer Laure en votre faveur
Il n'en a pas coûté grand effort à son cœur.

Air : *De la besogne.*

* Chez vous, tant la nuit que le jour
Vous verrez croître son amour.
Reposez-vous sur sa conduite,
De son devoir elle est instruite.

LE BAILLI.

Dame Perrette.... en vérité
Je suis confus de tant d'honnêteté.

Air: *Non, non, non, je n'en veux pas davantage.*

⁎ J'ai passé l'âge de plaire,
Je n'inspire plus d'amour ;
Mais d'une amitié sincere
J'ose esperer le retour.
Il faut pour le mariage
Bien moins d'amour que de raison ;
Et non, non, non,
Je n'en veux pas davantage.

Je sens qu'il vous faudroit quelque chose de plus,
N'est-il pas vrai, chere petite ?
Je ne vous traite pas selon votre mérite,
Mais aussi par mes soins, mes efforts assidus,
Air : *Ah ! voilà donc cet objet radieux !*
Je vais songer
A vous dédommager
Des ennuis d'une importune vieillesse ;
Je vais songer
A vous dédommager,
De mon cœur vous pouvez tout exiger.

Dame PERRETTE.

Je te l'ai toujours dit, tu le sçais bien, Laurette ;
Monsieur l'Bailli vaut mieux dans son p'tit doigt
Que tous les jeunes gens qu'on voit.
C'est un homme charmant, d'une humeur guillerette.
Dis lui donc quelque chose. Oh ! dame, voyez-
vous,
On li a tant r'commandé, qu'il falloit êtr' modeste,
Qu'elle n'os' pas encor ; mais quand vous s'rez
époux
Elle jasera que de reste.

LE MEDECIN DE L'AMOUR;
LAURE.
ARRIETTE notée n. 6.

* Je dois le plus tendre retour
A tant de soins, de complaisance;
Et par reconnoissance
Vous aurez amour pour amour.

LE BAILLI.

Mignonne, en vérité, je suis si pénétré
D'amour & de plaisir, car enfin, quand j'y pense,
Je suis embarrassé de pouvoir à mon gré
Vous marquer ma reconnoissance.

Dame PERETTE.

Voilà pourtant à quoi sert l'éducation,
Et de leur inspirer beaucoup de retenue.
Je n'ai jamais souffert de fréquentation.
Hélas, quand on la perd de vûe,
Une Fille est sitôt perdue!
C'est un p'tit cœur tout neuf, qui n'est point frelaté.

LE BAILLI.

Et c'est cela dont je suis enchanté.

Dame PERETTE.

Air : *Vous avez bien de la bonté.*

* Si j'ai pris soin de l'élever
A n'être point coquette,
C'est à son mari d'achever
De la rendre parfaite.

LE BAILLI.

Que faire encor!
C'est un thrésor,
Elle est sage autant que gentille.

Dme. PERRETTE.
Parlez, ma fille.
LAURE.
Monsieur, en vérité,
Vous avez bien de la bonté.
Dame PERRETTE.
Faut sout'nir jusqu'au bout l'honneur de la famille;
Je suis pour le passé bien contente de toi,
Mais ce n'est pas le tout. Écoute, écoute-moi.

ARIETTE.

Dans son ménage
Une femme sage
De son Epoux
Doit suivre en tout les goûts ;
Toujours affable,
Modeste, agréable,
Par la douceur
Captiver son cœur.
Point d'humeur grondeuse ;
Querelleuse ;
Point d'ami
Ni de compere
Que l'on préfere
A son mari.
Et puis, ma fille,
S'il vient de la famille,
Comme il en viendra,
L'hymen est fait pour ça.
En mere prudente,
Vigilante,
Former les jeunes ans
De ces pauvres innocens;

Instruire à la vertu
Leur petit cœur ingénu;
Enfin, ma chere,
Imite ta mere;
C'est le moyen
De ne manquer en rien;
C'est le moyen
De faire toujours bien.

LE BAILLI.

C'en est assez, Dame Perrette;
De plus amples leçons elle n'a pas besoin.

Dame PERRETTE.

C'est que j'en voudrois faire une femme parfaite.

LE BAILLI.

Elle le deviendra. J'en prends sur moi le soin.

(On entend un bruit de symphonie.)

Dame PERRETTE.

Qu'est-ce que j'entends donc ?

LE BAILLI.

C'est sans doute la fête
Que le Docteur nous amene.

Dame PERRETTE.

Vraiment !
Le voici lui-même à leur tête.
Oh! votre Medecin est un homme charmant.

(Entrée de Danseurs & Danseuses.)

SCENE VIII.

LE BAILLI, Dame PERRETTE, LE MEDECIN, LAURE, LÉANDRE.

LE BAILLI.

Air : *Contredanse des Amans Jardiniers.*

ACCOUREZ, Garçons joyeux,
 C'est dans ces lieux
Qu'il faut former mille jeux :
 L'aimable Jeunesse
Doit chercher sans cesse
 A passer ses jours
Dans les plaisirs, dans les amours;
Employez votre printemps :
 Ces doux instans
Sont aussi courts que charmans;
 Et dans le bel âge
 Par le badinage
 Il ne faut songer
Qu'à joüir sans les ménager.

Dame PERRETTE.

Air : *Mineur de l'air ci-dessus.*
 C'est bien dit, compere,
 Faut nous réjoüir ;
 Suivons le plaisir
C'est-là notre unique affaire.
 C'est bien dit, compere,
 Faut nous réjoüir,

Sans approfondir
Ce que nous garde l'avenir.
Allons gai, ma fille,
Ça, que l'on sautille,
Allons gai, mon gendre,
Allons beau Léandre,
Mettez-vous en train,
Faisons tréve au chagrin.
Si peu qu'on en ait,
Ça n'fait jamais bon effet.
(On danse.)
(Pendant la danse le Medecin examine Léandre pour tâcher de découvrir par ses mouvemens la pensée qui l'occupe.

LE MEDECIN.

Tandis qu'on ne songe qu'à rire,
Suivons toujours notre projet ;
Dans les yeux de Léandre, il faut voir quel objet
Sur son cœur a le plus d'empire,
Puisqu'il veut s'obstiner à faire le discret.
(On reprend la danse.)
(Pendant cette partie de la danse, Léandre cherche à s'approcher de Laure, puis il s'en éloigne, il s'assied auprès d'elle & n'ose la regarder.)

LE MEDECIN.

Il s'approche de Laure, à merveille ! il hésite.
Il la cherche des yeux, il se trouble, il palpite ;
Je crois entrevoir son secret....
Pour en être plus sûr...
(On danse encore, le Bailli & Perrette se mêlent dans la danse, & tout le monde s'en va.)

Fort

OPERA-COMIQUE.

Fort bien ; la compagnie
Tout doucement prend le chemin
Qui mene au bocage voisin.
Profitons du moment. C'est le coup de partie.

Dame PERRETTE *revenant sur ses pas.*

Laure, ma fille, venez-çà.

LE MEDECIN.

Laissez-les faire connoissance,
Mon malade a besoin qu'on le dissipe.

Dame PERRETTE.

Oui-dà !

LE MEDECIN *à Léandre.*

Hé ! bien, mon cher ami, vous gardez le silence ;
Vous pourriez faire ici quelque chose de mieux.
Regardez votre belle-mere,
Et convenez que votre pere
A consulté du moins le plaisir de vos yeux.

(*Il sort.*)

SCENE IX.

LAURE, LEANDRE.

LEANDRE.

Air : Bouchez, Nayades.

C'EST un plaisir pour moi sans doute ;
Mais s'il sçavoit ce qu'il me coûte....

C

LAURE.
Expliquez-vous.
LEANDRE.
Je ne le puis.
LAURE.
Ai-je mérité votre haine ?
LEANDRE.
Ah ! plaignez l'état où je suis,
Sans vouloir augmenter ma peine.
LAURE.
Air : *Reveillez-vous, belle endormie*
Moi l'augmenter !
LEANDRE.
Aimable Laure ;
Adieu.
LAURE.
Vous me quittez !
LEANDRE.
Adieu.
L'excès du mal qui me dévore
Me force à sortir de ce lieu.
LAURE.
Air : *Rage inutile.*
Le mariage
Où l'on m'engage
N'entre-t-il point un peu dans vos chagrins ?
LEANDRE.
Qu'osez-vous dire ?
LAURE.
Daignez m'instruire.
LEANDRE.
Suivez, suivez vos tranquilles destins,
Formez les plus doux nœuds,

Mon pere est trop heureux!

LAURE.

Et vous?

LEANDRE.

Et moi de son sort je suis jaloux.

LAURE.

Air : *Sur moi le doux nom de Zirphile.*

Vous jaloux ! que viens-je d'entendre ?

LEANDRE.

Ce que je cache à tous les yeux ;
Mais je ne puis plus m'en défendre,
Trop long-temps j'ai contraint mes feux.
Apprenez donc, aimable Laure,
Apprenez que je vous adore.

LAURE.

Air *De Romance.*

Deviez-vous m'éclaircir ce mystere,
Vous ferez le malheur de mes jours ;
Il falloit moins long-temps me le taire,
Il falloit me le taire toujours.

DUO noté n°. 8.

LAURE.

Ah ! mon malheur est extrême !
Cher Léandre, je vous aime,
Et je vous perds sans retour.
Je partage votre amour.
Notre malheur est extrême :
Cher Léandre, je vous aime,
Et je vous perds sans retour.

Cher Léandre, je vous aime,
Et je vous perds sans retour.

LEANDRE.

Ah! mon malheur est extrême !
Chere Laure, je vous aime,
Et je vous perds sans retour.
Vous partagez mon amour.

Notre malheur est extrême :
Chere Laure, je vous aime,
Et je vous perds sans retour.

Chere Laure, je vous aime,
Et je vous perds sans retour.

C ij

LAURE.
Mais le devoir s'en offense,
Mais le devoir s'en offense,
Et nous ôte l'espérance
D'être plus heureux un jour.
Cher Léandre, je vous aime,
Je vous aime, je vous aime,
Et je vous perds sans retour.

LEANDRE.
Mais le devoir s'en offense,
Et nous ôte l'espérance
D'être plus heureux un jour.
Chere Laure, je vous aime,
Je vous aime, je vous aime,
Et je vous perds sans retour.

SCENE X.

LE MEDECIN, LAURE, LEANDRE.

LE MEDECIN.

Enfin, je suis sûr de mon fait.
Je connois d'où le mal procede;
Mais ce n'est pas de moi que dépend le remede.

LEANDRE.

On vient. Dans notre cœur renfermons ce secret.

TRIO: Noté n°. 9.

LE MEDECIN.

Que votre tristesse cesse,
Je suis dans vos intérêts;
Livrez-vous à la tendresse,
C'est moi qui vous le permets.

(à *Leandre*.)
Vous aurez votre Maîtresse,
C'est moi qui vous le promets.

LEANDRE & LAURE.

De cette douce promesse
Quand verrons-nous les effets!

OPERA COMIQUE.

LAURE & LEANDRE.

De cette douce promesse
Quand verrons-nous les effets ?

Livrons-nous à la tendresse
On va combler nos souhaits.

De nos ames
Que les flâmes
Puissent durer à jamais.
Livrons-nous à la tendresse ;
On va combler nos souhaits,
Livrons-nous, &c.

LE MEDECIN.

Fiez-vous à ma promesse ;
Vous en verrez les effets.
Livrez-vous à la tendresse ;
C'est moi qui vous le permets;
Livrez-vous à la tendresse
On va combler vos souhaits.
De vos ames
Que les flâmes
Puissent durer à jamais.
De vos ames
Que les flâmes
Puissent durer à jamais;
Livrez-vous à la tendresse
On va combler vos souhaits
Livrez-vous, &c.

(*Laure & Leandre s'envont.*)

SCENE XI.

LE MEDECIN *seul.*

Air: *De s'engager il n'est que trop facile.*

A Ces Enfans j'ai fait une promesse
Dont je ne sçais si je puis m'acquitter.
Notre Bailli jaloux de sa maitresse
A nos desseins voudra-t-il se prêter ?
Non, des amans je connois la foiblesse.
Non, les amans
Sont bien moins complaisans.

LE MEDECIN DE L'AMOUR,

ARIETTE *notée n°. 10.*

Je plains un cœur qu'amour engage,
La raison a beau l'éclairer ;
Il voit qu'il est dans l'esclavage,
Et ne sçauroit s'en retirer.
C'est un oiseau pris dans la cage
Qui regrette sa liberté.
Après de vains efforts pour trouver un passage,
Il meurt dans la captivité.

Notre vieillard entêté de sa Laure
A la céder jamais ne voudra consentir.
Il faut donc le tromper, & que lui-même ignore
Où tendront les discours que je vais lui tenir ;
Ne pas heurter de front ses fantaisies.
Mais le voici qui vient, dressons nos batteries.

SCENE XII.

LE BAILLI, LE MEDECIN.

LE BAILLI.

Hé ! bien, Monsieur, vous avez vû mon fils ?
Comment le trouvez-vous, avez vous espérance ?

LE MEDECIN.

Là, là.

LE BAILLI.

Tantôt pourtant, vous m'avez bien promis.....

OPERA-COMIQUE.

LE MEDECIN.
On vient à bout de tout avec la patience.
LE BAILLI.
Il sera donc long-temps en cet état ?
LE MEDECIN.
Heureux
Si nous pouvons encor l'en tirer.
LE BAILLI.
Quel langage !
LE MEDECIN.
Je ne vous flatte point.
LE BAILLI.
Vous m'ôtez le courage.
Quoi donc ! vos soins pour lui seroient infructueux !
LE MEDECIN.
Il n'en reviendra point.
LE BAILLI.
O Dieux ! ce coup m'accable.
Mais êtes-vous bien sûr ?
LE MEDECIN.
Je le dis à regret ;
Mais pour son mal enfin, je n'ai point de secret.
LE BAILLI.
Hé ! quel est donc ce mal, ce mal inguérissable,
Ce mal diabolique où l'on ne comprend rien ?
LE MEDECIN.
Oh ! j'y comprends bien, moi ; voici tout le mystere,
Ecoutez le récit que je m'en vais vous faire.

J'ai vécu jusqu'ici garçon....
LE BAILLI.
Je le sçais bien.
LE MEDECIN.
A la bonne heure : mais le célibat m'ennuie,
Et depuis quelque temps j'ai dessein d'en sortir.
LE BAILLI.
C'est bien fait.
LE MEDECIN.
Je voulois une femme jolie,
Jeune, sage, en un mot qui pût me convenir ;
Je l'ai trouvée enfin.
LE BAILLI.
Je vous en félicite.
LE MEDECIN.
C'est un objet plein de mérite,
Sagesse, esprit, beauté, tout s'y trouve.
LE BAILLI.
Tant mieux.
LE MEDECIN.
Air : *Non, je ne ferai pas.*

J'aime, je suis aimé, j'ai l'aveu de son pere ;
Chacun avec plaisir voit terminer l'affaire ;
Dans trois jours cet objet va couronner mes feux,
Tout se conclut au gré de mes plus tendres vœux.
LE BAILLI.
Tant mieux encor un coup. Mais qu'est-il nécessaire
De m'apprendre cela ? Dites-moi donc, Monsieur,

Mon fils en va-t-il moins mourir ?
LE MEDECIN.
Tout au contraire.
LE BAILLI.
C'est donc pour insulter encor à mon malheur
Que vous m'étourdissez de tout ce préambule ?
LE MEDECIN.
Un moment. Ce détail vous paroît ridicule,
Il n'est cependant pas hors de saison.
LE BAILLI.
Comment ?
LE MEDECIN.
Voici le nœud de l'aventure.
Votre fils a vû ma future ;
Epris de ses appas, il l'aime éperduement.
Il sent bien qu'il ne peut l'avoir, & par prudence
Il fait tout ce qu'il peut pour éteindre son feu,
Il a même hésité de m'en faire l'aveu ;
Mais j'ai sçu profiter de mon expérience
Pour l'engager à rompre le silence ;
Il m'a tout avoüé. Vous sentez maintenant
Qu'aux maux tels que le sien, il n'est point de remede.
Il ne guérira point à moins qu'il ne possede
L'objet de son amour ; & malheureusement
Cela ne se peut pas. Encor si son tourment,
Si sa langueur secrette avoit eu d'autres causes,
Peut-être j'aurois pû soulager vos ennuis :
Mais dans l'état où sont les choses,
Vous plaindre tous les deux est tout ce que je puis.

LE BAILLI.

Tout ce que vous pouvez ! mon cher Monsieur, de grace
Ne dites point cela.

LE MEDECIN.

Pourquoi donc, s'il vous plaît ?

LE BAILLI.

Eh ! oui... car si... (*à part.*) Mais non, notre propre intérêt
Toujours dans notre cœur tient la premiere place ;
Il ne voudra jamais. (*haut.*) Ah ! Monsieur, pardonnez....

LE MEDECIN.

Ma présence en ces lieux n'est plus fort nécessaire ;
Je me retire, adieu.

LE BAILLI.

Quoi ! vous m'abandonnez.

LE MEDECIN.

Je ne vois pas pour vous ce que je pourrois faire.

LE BAILLI *vivement*.

Ah ! tout, si vous vouliez.

LE MEDECIN.

Mettez-moi donc au fait.

LE BAILLI.

Je n'ose....

LE MEDECIN *à part*.

Il y viendra.

LE BAILLI.

Mais pourquoi me contraindre ?
Vous êtes mon ami.

LE MEDECIN.

Oui, parlez sans rien craindre.

LE BAILLI.

Si votre art pour mon Fils demeure sans effet,
S'il ne sçauroit guérir à moins qu'il ne possede
L'Objet de son amour.

LE MEDECIN.

C'est là le seul remede.
Je vous l'ai déjà dit.

LE BAILLI.

Et je m'en souviens bien ;
Cher ami, ce seul mot me rend ma confiance ;
Si pour le conserver il n'est que ce moyen,
Daignez en sa faveur vous faire violence,
Cédez lui cet Objet dont il est enchanté,
Rompez dès ce moment votre Hymen projetté...

LE MEDECIN.

Hem !...

LE BAILLI.

Vous avez raison. J'exige trop sans doute ;
Cet effort est trop grand. Mais aussi plus il coûte,
Plus d'un pareil bienfait je connoîtrai le prix.

LE MEDECIN.

Mais j'aime ma maîtresse.

LE BAILLI.

     Et moi j'aime mon Fils,
Et l'ancienne amitié qui nous joint l'un à l'autre,
Vous le rend aussi cher que s'il étoit le vôtre,
Vous l'avez dit cent fois.

LE MEDECIN.

     Mais, mais y pensez-vous ?
Sur quel prétexte encor rompre des nœuds si doux?
Ferai-je cet affront à toute une famille,
A ce Pere dont j'ai l'agrément, à sa Fille ?
Pour qui me prendront-ils, si je manque à ma foi ?

LE BAILLI.

Pour un homme de bien ; un ami rare. Eh ! quoi ;
Ces gens-là n'ont pour but, suivant toute apparence,
Que d'établir leur Fille avantageusement.
Vous êtes un parti pour elle assurément ;
Mais n'entendroient-ils point à quelqu'autre alliance,
Si leur bien s'y pouvoit trouver également.

LE MEDECIN.

Et la Fille ? son cœur à mon amour sensible,
Pour un autre que moi se prendra-t-il ainsi,
De but en blanc, voyons ?

LE BAILLI.

     Oh ! cet obstacle-ci
N'est pas tout-à-fait invincible.
Elle a beau vous aimer, quand la Belle verra
L'Epoux qu'on lui destine, & qu'elle y trouvera
Ce que ni vous, ni moi, n'avons plus ; la jeunesse,
La fraîcheur, & sur-tout un grand fond de tendresse,
  Pensez-vous qu'elle pleurera ?

OPERA-COMIQUE. 45

Enfin, mon cher Docteur, c'est en toi que j'espere,
Par pitié pour mon Fils, & pour un pauvre Pere,
Fais sur toi cet effort, montre-toi généreux,
Nous te devrons la vie, & sans cesse tous deux
Nous t'en témoignerons notre reconnoissance;
Ma maison deviendra la tienne, tous mes biens
Dès que tu le voudras seront en ta puissance,
Uses en librement, & tout comme des tiens.
  Je n'y mets point de différence,
Il faut vivre en commun, & que tout soit égal.
  Si jamais à mon tribunal
  On te suscite quelqu'affaire,
  Mon cher ami, mon chere Compère,
Dussai-je contre moi faire crier les gens,
Tu gagneras toujours ta cause avec dépens.

LE MEDECIN.

Oh! bien obligé; mais examinez de grace
Ce que vous demandez, mettez-vous à ma place:
Si dans un cas pareil j'en exigeois autant,
De vous, en bonne foi, l'obtiendrois-je?

LE BAILLI.

          A l'instant.
Je n'hésiterois point. Malgré ma répugnance,
Je sçaurois de mes feux dompter la violence,
Oh! oui, pour un ami, je me sacrifierois.

LE MEDECIN à part.

Comme on parle souvent contre ses intérêts!
Ah! pauvre homme!

LE BAILLI.

Mais quoi, vous réſiſtez encore!
Ne pourrai-je obtenir la grace que j'implore ?
Faut-il pour vous fléchir, embraſſer vos genoux ?
M'y voilà proſterné....Mais d'où vient ce courroux?

LE MEDECIN.

ARIETTE *notée n°. 11.*

Pere inſenſé, qu'exiges-tu ?
Si tu te crois tant de vertu,
Prends pour toi les avis
Que la pitié t'inſpire,
Ou c'eſt fait de ton Fils.

LE BAILLI *ſe relevant.*

Que veut-il dire ?

LE MEDECIN.

Ton Fils eſt ton Rival,
Il aime ta Maîtreſſe,
J'ai ſurpris par adreſſe
Ce myſtere fatal.
Veux-tu ſauver ſes jours ?
Renonce à tes Amours,
Accorde à ſes ſoupirs
L'Objet de ſes deſirs.
Eh ! quoi, ton cœur balance !
Et ton Fils en ce jour
Meurt de la violence
Qu'il fait à ſon amour,
Sans prétendre à ſon âge
Qu'il ſera le plus ſage ;
Imite cet effort,

Pauvre, pauvre Geronte,
Fais comme lui, surmonte
Un amoureux transport,
Faut-il te le redire ?
Prends pour toi les avis
Que la pitié t'inspire,
Ou c'est fait de ton Fils.

(*Il sort.*)

SCENE XIII.

LE BAILLI *seul*.

Il s'en va, le bourreau, son objet est rempli,
    Il va rire de ma sotise.
Du coup qu'il m'a porté, je suis tout étourdi.
Mon Fils est mon Rival; de quoi diable il s'avise;
Dans le monde n'est-il qu'une Fille ? Pourquoi
S'adresser justement à celle qui m'est chère ?
Pourquoi ne pas laisser le champ libre à son Pere ?...

(*en soupirant.*)

Pourquoi le drôle a-t-il eu des yeux comme moi ?
D'une jeune Beauté je n'ai pû me défendre,
Puis je trouver mauvais qu'il s'y soit laissé prendre ?
Quand je céde à l'Amour, peut-il le repousser ?
Mais Laure ! Laure ! ô Dieux, jamais pour cette Belle

Mon cœur de tant de traits ne se sentit percer.
Non, je ne puis vivre sans elle,
Elle me tourne la cervelle,
Et je mourrai, s'il faut y renoncer.

ARIETTE *notée n°. 12.*

O chers Objets de ma tendresse,
Qui de vous deux aura le prix ?
D'un côté je vois ma Maîtresse,
Et de l'autre je vois mon Fils.

Mais ma Maîtresse
M'intéresse,
Dois-je en avoir le démenti ?
Oui, oui, oui, oui,
Oui, la nature,
Tout bas murmure,   (*bis.*)
Et de mon Fils prend le parti.
O chers Objets, &c.

Mon Fils doit l'emporter, son respect, sa constance,
Et le danger qu'il court, tout me parle pour lui.
Oui, je dois cette récompense
Aux efforts généreux qu'il a faits jusqu'ici.
Guillot ! holà, Guillot ! envoyez-moi Léandre,
Je voudrois lui parler... je vais bien le surprendre.

GUILLOT.

Monsieur !...

LE

LE BAILLI.

Tu n'entends pas ! vas-t-en dire à Léandre
Qu'il vienne me trouver.

GUILLOT.

Cela suffit.

LE BAILLI.

Attends...
Oui, cela sera bien.... Amene en même temps
Laure & le Medecin.... Je vais trouver Perrette,
Il faut la prévenir sur cette affaire-ci :
Ce n'est pas qu'elle m'inquiette ;
Mais il est toujours bon.... Justement, la voici.

SCENE XIV.

LE BAILLI, Dame PERRETTE.

Dame PERRETTE.

MOnsieur l'Bailli, votre servante,
Eh ! bien, quand épouserons nous ?
De voir former des nœuds si doux
Vous me voyez impatiente:
Ma fille a son trousseau, ses joyaux, ses habits,
Et nos amis sont avertis.

* Air : *Et j'y pris bien du plaisir.*

Pour tantôt la nôce est prête,

D

Chacun va se trémousser;
J'suis en train depuis c'te fête;
Je voudrois toujours danser.
Si je me lasse d'attendre
C'est qu'j'aime à me réjouir;
Ce soir vous serez not' gendre,
Ah! que vous aurez d'plaisir!

Notre fille en sera pour sa moitié, tredame,
Tous les jours ne sont pas jours de nôce, & pardi
Faut bien s'en souvenir un peu. La brave femme
Qu'vous aurez là, Monsieur l'Bailli?

LE BAILLI.

Je le crois, mais....

Dame PERRETTE.

C'est encor si novice,
C'est d'un' douceur, d'une docilité....

LE BAILLI.

Je n'en doute pas, mais....

Dame PERRETTE.

Ça n'a non plus d'malice
Cell'-là fera vot' volonté.

LE BAILLI.

Assurément.

Dame PERRETTE.

Sur la sagesse,

J'défi', qu'on lui r'proche un fétu,
C'est él'vé comme une Princesse.

LE BAILLI.
Oui....

Dame PERRETTE.
Dans l'honneur & la vertu.

LE BAILLI.
J'en suis persuadé : mais enfin...:

Dame PERRETTE.
Qu'est-ce à dire ?
Auriez-vous là-dessus quelques soupçons ?

LE BAILLI.
Eh ! non ;
Je la crois un tréfor. Cela doit vous suffire.
Mais enfin....

Dame PERRETTE.
Mais enfin parce qu'on a le r'nom
D'avoir un peu de bien, ça fait que dans le monde
On a des ennemis, des envieux ; mais quoi !
Qu'on dise ç'qu'on voudra sur ma fille & sur moi ;
J'n'avons pas peur qu'on nous confonde.

LE BAILLI.
Ce n'est point tout cela, mais j'ai depuis tantôt
Fait des réflexions....

D ij

LE MEDECIN DE L'AMOUR,

Dame PERRETTE.

Plait-il?

LE BAILLI.

Oui, la jeuneſſe
De votre fille....

Dame PERRETTE.

Eh! bien, c'eſt un très-beau défaut.

LE BAILLI.

Très-beau. Mais d'autre part, vous voyez ma
 vieilleſſe,
Un homme de mon âge eſt un mauvais préſent
A lui faire.

Dame PERRETTE.

Tenez, parlons plus clairement,
Vous n'en voulez plus?

LE BAILLI.

Mais un peu de patience.

Dame PERRETTE.

Et vous croyez impunément
Pouvoir me faire cette offenſe?
Jour de Dieu! vous êtes Bailli,
Mais je vous ferai voir qu'à gens de notre ſorte,
Tout Bailli qu'vous ſoyez....

LE BAILLI. *à part.*

Que le diable l'emporte.

Dame PERRETTE.

On ne fait point l'affront que j'essuye aujourd'hui.

LE BAILLI.

(à part.)
Elle n'entendra pas.

Dame PERRETTE.

La parole est donnée.
De mon côté, rien ne manque, je croi :
Le jour est pris pour l'Hymenée,
Et vous l'acheverez, ou vous direz pourquoi.

LE BAILLI.

Si je pouvois gagner sur vous…

Dame PERRETTE.

Quoi ?

LE BAILLI.

De vous taire ?
Je vous expliquerois….

Dame PERRETTE.

La chose est assez claire.

LE BAILLI.

Air. *Je suis malade d'amour.*

* Mon Fils est toujours languissant.

Dame PERRETTE.

Cela très-peu m'importe.

LE BAILLI.

J'ai le cœur trop compatissant
Pour penser de la sorte.
Vous pourriez guérir en ce jour
Le mal qui le possede ;
Oui, Léandre est malade d'amour,
Vous avez le remede.

Dame PERRETTE.

Air. *Il a voulu.*

Monsieur l'Bailli....

LE BAILLI.

Mais quel courroux !

Dame PERRETTE.

Je n'aimons pas à rire.
Cherchez ailleurs vos gens.

LE BAILLI.

Tout doux.

Dame PERRETTE.

Je sçavons nous conduire.
Si pour nous Léandre en tient là ;
Je ne sommes plus d'âge à ça,
Il guérira
Quand il pourra.

LE BAILLI.

Mais laissez-moi donc dire.

OPERA-COMIQUE.

Dame PERRETTE.
Vous n'avez qu'à chercher un autre Médecin.

LE BAILLI.
La folle !

Dame PERRETTE.
Je n'fuis pas encor si décrépite.

LE BAILLI.
Eh ! qui vous le dit ?

Dame PERRETTE.
Mais enfin,
Je ne suis pas d'humeur pour le guérir plus vîte,
De faire une folie en lui donnant la main.
Il est encor trop jeune.

LE BAILLI.
En voici bien d'un autre ;
Nous n'avons pas besoin pour cela de la vôtre.
C'est de Laure, morbleu, qu'il s'agit aujourd'hui.

Dame PERRETTE.
De Laure pour Léandre ?

LE BAILLI.
Oui, vous dis-je, pour lui.
L'état où l'on le voit, cette langueur mortelle,
Sont l'effet de l'amour qu'il a conçu pour elle.
A moins qu'il ne l'obtienne il n'en peut revenir.
Voyez si vous voulez maintenant consentir

LE MEDECIN DE L'AMOUR,

A l'accepter pour Gendre au lieu de moi? L'échange
Ne vous fait aucun tort.

Dame PERRETTE.

L'aventure est étrange!
Quoi! l'Amour à ce point lui trouble la raison,
Pour ma Fille?

LE BAILLI.

Sans doute.

Dame PERRETTE.

Ah! le pauvre Garçon!

LE BAILLI.

D'autant mieux que par déférence,
M'en voyant amoureux, il s'est fait violence.

Dame PERRETTE.

Quel bon cœur! vous deviez me dire ça plûtôt.

LE BAILLI.

M'en avez-vous donné le temps?

Dame PERRETTE.

Il faut
Voir ça, Monsieur l'Bailli.

LE BAILLI.

C'est tout vû. Le temps presse.
Ma nôce servira pour eux.

Dame PERRETTE.

Ma Fille voudra-t'elle?

OPERA-COMIQUE.
LE BAILLI.

     Ah! parbleu, la Jeuneſſe
Eſt faite pour s'aimer; Léandre eſt amoureux,
Jeune, aimable; à coup ſûr ils s'aimeront tous deux.
Il faudroit bien plûtôt s'étonner du contraire.

SCENE XV & derniere.

LE BAILLI, LE MÉDECIN, LAURE, LÉANDRE, Dame PERRETTE, GUILLOT.

LE BAILLI.

Les voici. Trouvez-vous qu'ils ſoient mal-aſſortis?

Dame PERRETTE.

Je ne dis pas cela.

LE BAILLI.

    Venez, venez, mon Fils,
Je ſçais tout, & je n'ai qu'un reproche à vous faire,
C'eſt de m'avoir laiſſé ſi long-tems dans l'erreur.
     (à Laure.)
Mais vous ſerez content. Pour vous, ma Chère,
  A dire vrai, vous avez du malheur,
  Vous n'êtes pas encore mariée,
   Et vous voilà répudiée.
C'eſt un grand affront, mais, la, la,
Voici qui vous conſolera.
    (Il lui préſente Léandre.)

LAURE *regardant sa Mere.*
AIR. *Trémoussez-vous donc.*
Ma Mere.

Dame PERRETTE.

V'là qu'est bien, ma Fille,
Ça suffit, je consens à tout.
Ça n'fait de rien à la famille,
Si l'échange est de votre goût.

LE MEDECIN.

Faut-il le demander ?

Dame PERRETTE.

Tredame,
Mon Gendre, embrassez-moi donc,
Embrassez aussi votre Femme,
Tré, tré, trémoussez-vous donc,
Trémoussez-vous donc, mon Mignon.

LE BAILLI.

Air. *De tous les Capucins.*

Hé ! bien, Docteur, qu'allez-vous dire ?

LE MEDECIN.

Ma foi, mon cher, je vous admire.

LE BAILLI.

Oui, mais, j'ai toujours là-dedans
Un je ne sçai quoi qui me presse.

OPERA-COMIQUE.

LE MEDECIN.
Ce n'est rien. La raison, le tems
Vaincront ce reste de foiblesse.

CŒUR.

Bannissons } la crainte.
Bannissez }

Aimons } sans contrainte.
Aimez }

Les plus doux plaisirs

Suivront { nos } desirs.
{ vos }

L'hymen en ce jour
S'unit à l'amour,

Pour combler { nos } vœux;
{ vos }

Pour { nous } rendre heureux.
{ vous }

Qu'il regne à jamais
Ce Dieu plein d'attraits.

Qu'il regne en { nos } cœurs
{ vos }

Par ses ardeurs.

LE MEDECIN DE L'AMOUR,

Nº 1. LE BAILLI.   AIR Gay.

ACcou- rez, Garçons joyeux, C'est dans ces

lieux Qu'il faut former mille jeux; L'aimable Jeu-

nesse Doit chercher sans cesse   A passer ses

jours Dans les plai- sirs, dans les a- mours; Emplo-

yez votre printemps: Ces doux ins- tans Sont aus-

si courts que char- mans; Et dans le bel   â-ge

Par le badi- nage   Il ne faut son-

ger Qu'à jou-ir sans les ména- ger.

N° 2. DAME PERRETTE.

C'Est bien dit, com- pere, Faut nous ré- jou- ir ;

Suivons le plai-sir, C'est-là notre unique af- faire.

C'est bien dit, com- pere, Faut nous ré- jou- ir,

Sans approfon- dir Ce que nous garde l'a-ve- nir;

Allons gai, ma fil-le, Çà que l'on sau- tille,

Allons gai, mon gendre, Allons, beau Lé- andre,

LE MEDECIN DE L'AMOUR

Mettez vous en train, Faisons tréve au cha- grin;

Si peu qu'on en ait, Ça n'fait jamais bon ef- fet.

N° 3. LAURE. *AIR un peu Gay.*

LE mari- age Où l'on m'en- gage, N'en-

tre-t-il point un peu dans vos cha- grins ?
LEANDRE.   LAURE.

QU'osez vous dire ? DAignez m'inſtrui- re.
LEANDRE.

SUivez, fui- vez vos tranquil- les deſ- tins.

For-mez les plus doux nœuds. Mon pere eſt

OPERA-COMIQUE.

Laure. trop heureux! **Leandre.** Et vous? Et moi, de son sort je suis jaloux.

N°. 4. Laure. AIR Gracieux.

Vous jaloux! que viens-je d'entendre?

Leandre.

Ce que je cache à tous les yeux; Mais je ne puis plus m'en défendre, Trop long-tems j'ai contraint mes feux. Apprenez donc, aimable Laure, Apprenez que je vous adore.

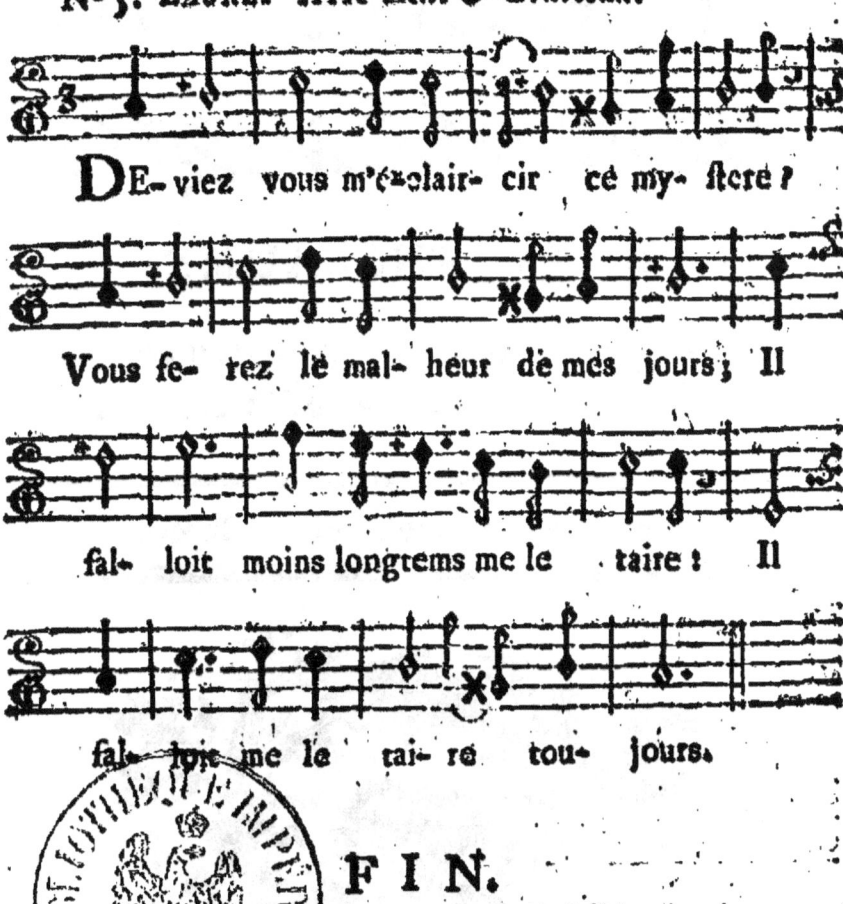

N° 5. LAURE. AIR Lent & Gracieux.

De-viez vous m'éclair-cir ce my-stere?
Vous fe-rez le mal-heur de mes jours; Il fal-loit moins longtems me le taire : Il fal-loit me le tai-re tou-jours.

FIN.

APPROBATION.

J'AI lû, par ordre de Monseigneur le Chancelier, Le Medecin de l'Amour, Opera-Comique, & je crois que l'on peut en permettre la représentation & l'impression. A Paris ce 1 Septembre 1758.

CRÉBILLON.

Le Privilége & l'enrégistrement se trouvent au Tome I. du Nouveau Théâtre de la Foire, ou Nouveau Recueil des Pieces représentées sur le Théâtre de l'Opera-Comique depuis son rétablissement jusqu'à présent.

CENDRILLON,

OPERA-COMIQUE

De Mr. ANSEAUME;

Représenté pour la premiere fois sur le Théâtre de la Foire S. Germain, le 20 Févier 1759.

Le prix est de 24 sols avec la Musique.

A PARIS,
Chez N. B. DUCHESNE, Libraire, rue S. Jacques,
au-dessous de la Fontaine S. Benoît,
au Temple du Goût.

M. DCC. LIX.
Avec Approbation & Privilége du Roi.

ACTEURS.

CENDRILLON,	Mlle. Villemont.
LA MARAINE,	Mlle. Constantin.
LA SŒUR AINÉE,	Mlle. Vincent.
LA SŒUR CADETTE,	Mlle. Deschamps.
AZOR,	M. La Ruette.
PIERROT,	M. Paran.
UN OFFICIER,	M. Delisle.
UN SUISSE,	M. Moreau.
CHŒUR DE FEMMES.	

La Scene est dans la maison de Cendrillon, & ensuite dans le Palais d'Azor.

CENDRILLON,
OPERA-COMIQUE.

SCENE PREMIERE.
CENDRILLON *seule*.

Air : *La sagesse est de bien aimer.* N°. 1.

DES rigueurs d'un cruel destin, ⎫
Aurai-je toujours à me plaindre ? ⎬ (bis.)
Un foible espoir me luit en vain, ⎭
Je n'en ai pas moins tout à craindre.
Des rigueurs d'un cruel destin,
Aurai-je toujours à me plaindre ?

Récitatif. De M. de la Ruette. N°. 2.

J'ai joüi cette nuit du spectacle enchanteur,
Qu'étale aux yeux la Cour la plus brillante ;
Un Prince à mes genoux exprimoit son ardeur....
Il ne me reste, hélas ! de toute ma grandeur,
Qu'un souvenir qui me tourmente.

Air : *De tous les Capucins du Monde.*

J'apperçois venir ma Maraine,
Sa préfence augmente ma peine ;
A ſes loix j'ai déſobéi ;
Quel reproche elle va me faire !
Seule ſenſible à mon ennui,
Elle me tenoit lieu de mere.

SCENE II.

LA MARAINE, CENDRILLON.

LA MARAINE.

Air : *Le moyen de faire autrement.* Du Peintre amoureux. N°. 3.

Ah ! dans quel état je vous voi !
Ne cherchez point d'excuſe ;
Je devine aiſément pourquoi
Vous n'avez point ſuivi ma loi.

CENDRILLON.

Il eſt vrai, j'en ſuis confuſe,
J'en ſuis confuſe.

LA MARAINE.

Ah ! vraiment, je le croi :
Mais pourquoi ce manque de foi ?

OPERA-COMIQUE.

Ce manque de foi ?
Fillette toujours raisonne,
Et n'écoute personne,
Quand on s'oppose à son penchant.

CENDRILLON.

Non, non, c'est que, ma Bonne,
Je n'ai pas pû faire autrement.   (bis.)

LA MARAINE.

Il falloit n'en croire que moi;
Il falloit mieux suivre ma loi.

CENDRILLON.

Il est vrai, mais ma folie
Est bien punie;
Un moment !....

LA MARAINE.

Un moment
Fait effet :
On s'y plaît,
On s'en fait
Un amusement.

CENDRILLON.

Pardon, ma Bonne,
Pardon, ma Bonne,
Je n'ai pas pû faire autrement.

LA MARAINE.

Oui ! oui !

CENDRILLON.

Pardon, ma Bonne,
Je n'ai pas pû faire autrement. }(bis.)

LA MARAINE.

Air : *Si Diogène étoit réputé sage.*

Par un effet de mon pouvoir magique,
Pour relever l'éclat de vos appas,
Je vous ai mis un habit magnifique,
Nombreux cortége accompagnoit vos pas.
Je n'éxigeois de votre obéissance
Que de sortir du bal avant minuit ;
Faute d'avoir observé ma défense,
De mes bontés vous perdez tout le fruit.

CENDRILLON.

Air : *de M. La Ruette.* N°. 4.

Je le sçais bien,
J'ai tout perdu ;
En moins de rien,
Tout a disparu :
Que le sort me traite,
S'il veut, sans pitié :
Non, je ne regrette
Que votre amitié.

LA MARAINE.

Air : *De tout tems le jardinage.*

Vous me serez toujours chere ;
Ne craignez plus ma colere.

CENDRILLON.
Ah ! que mon cœur eſt content !
LA MARAINE.
Mais par un aveu ſincere,
Je veux ſçavoir le myſtere
De ce long retardement.
CENDRILLON.
Air : *La Fuſtemberg*.

Vous m'allez gronder encore.
LA MARAINE.
Non, vous dis-je, ne craignez rien ;
Il faut bien
M'apprendre ce que j'ignore ;
Croyez-moi, c'eſt pour votre bien.
CENDRILLON.
Je n'en doute pas, Madame.
Il faut donc vous ouvrir mon ame.
Qui m'eût dit qu'un bal ....
LA MARAINE.
Hé bien ! ce bal ?
CENDRILLON.
Dût m'être ſi fatal !
LA MARAINE.
Que vous me cauſez d'allarmes !
Mais, comment donc ?
Quelle raiſon,   (bis.)
Vous fait verſer des larmes ?

CENDRILLON,
CENDRILLON.
J'en ai bien sujet.

LA MARAINE.
Quel est ce secret ?
Qu'est-ce qu'on vous a fait ?

CENDRILLON.
Air : *D'm'avoir instruit de mon bien.*

J'arrivai dans le Palais
D'aise transportée ;
De tout ce que je voyois,
J'étois enchantée,
Un Prince...

LA MARAINE.
      Ah ! nous y voilà.

CENDRILLON.
Un Prince s'est trouvé là.

LA MARAINE.
Vous a-t-il fâchée ?
   O gué !
Vous a-t-il fâchée ?

CENDRILLON.
Air : *L'honneur dans un jeune Tendron.*

Le connoissez-vous ?

LA MARAINE.
     Oui, vraiment.

OPERA-COMIQUE.

CENDRILLON.

N'est-il pas vrai qu'il est charmant?

LA MARAINE.

Si vous voulez même, adorable ;
Laissez-là son mérite à part ;
Voyons en quoi ce Prince aimable
Auroit pu vous manquer d'égard.

CENDRILLON.

Air : *Les yeux baissés par modestie.* N°. 5.

Les yeux vers moi tournés sans cesse,
   Tendrement il me regardoit,
De ses regards la douceur & l'yvresse
   M'inspiroient ce qu'il ressentoit.   (*bis.*)
   A mes côtés est une place ;
     Il s'en saisit ;
     Il s'enhardit,
     Je m'attendris ;
Je veux le fuir, & je ne puis ;
Je veux fuir & ne puis,   (*bis.*)
Je veux le fuir, & je ne puis.
Déjà mon trouble augmentoit son audace,
   Quand minuit sonna,
   Et tout finit là.

Air : *Plus inconstant.*

Comme un éclair, soudain je prends la fuite,
En entendant l'heure qui me chassoit ;
On se met à ma poursuite,
Mais en vain on me cherchoit....

Air : *Folies d'Espagne.*

Je n'étois plus ce qu'ils me croyoient être,
Ils me voyoient sans suite & sans éclat ;
Comment, hélas ! m'auroient-ils pû connoître ?
Je m'ignorois moi-même en cet état.

LA MARAINE.
Air : *Le Pont d'Avignon.*

Ce changement n'a rien qui doive vous surprendre,
Je crains plûtôt pour vous un sentiment trop tendre.

CENDRILLON.
Air : *Dondaine.*

Je ne sçaurois vous le cacher,
Je ne sçaurois vous le cacher,
Ce Prince a trop sçu me toucher ;
Je l'aime, je l'aime ;
Le croyez-vous épris pour moi de même ?

LA MARAINE.
Air : *De Joconde.*

Si vous l'aviez trop rebuté....

OPERA-COMIQUE.

CENDRILLON.
Oh ! non.

LA MARAINE.

Je dois le croire ;
Si vous n'avez rien accordé,
Qui blesse votre gloire.

CENDRILLON.

Je sçais trop ce que je me doi,
Pour me laisser surprendre ;
Il n'a rien obtenu de moi,
Que ce qu'il m'a sçu prendre.

LA MARAINE.

Air : *Des Francs-Maçons.*
Et que vous a-t-il pris ?

CENDRILLON.

Ma Bonne....
Que dire, hélas !

LA MARAINE.
Répondez-moi, je vous l'ordonne ?

CENDRILLON.
Quel embarras !

LA MARAINE.
Et pourquoi donc ces sots scrupules ?
Surtout craignez de me tromper.

CENDRILLON;

CENDRILLON.

Il m'a pris une de mes mules,
Qu'en fuyant j'ai laissé tomber.

Air : *Entre l'Amour & la Raison.*

Je n'en ai plus qu'une à présent.

LA MARAINE.

Consolez-vous, ma chere Enfant,
On peut réparer ce dommage ;
Au fond je n'y vois pas grand mal.
Que de Beautés sortant du Bal
Ont souvent perdu davantage !

Air : *Quand je tiens de ce jus d'Octobre.*

Vos Sœurs en reviennent sans doute,
Ce bruit annonce leur retour ;
Rentrez, & quoi qu'il vous en coûte,
Tâchez de vaincre votre amour.

(*Elles sortent.*)

SCENE III.
LES DEUX SŒURS.

L'AINÉE.

Air : *Non, je n'aimerai jamais que vous.*

Rien, en vérité n'est si plaisant ;
Nos appas ont fait fortune assurément :

OPERA-COMIQUE.

Rien, en vérité, n'est si plaisant.
    A chaque moment,
    C'étoit nouveau Galant.
Ce gros Caissier qui croyoit me connoître,
M'a-t-il tenu des propos assez doux ?

LA CADETTE.

Ce Sénateur, en léger Petit-Maître,
M'a-t-il assez étalé ses bijoux ?
Rien, en vérité, n'est si plaisant ;
Nos appas ont fait fortune assurément :
Rien, en vérité, n'est si plaisant.
    A chaque moment,
    C'étoit nouveau Galant.

Air : *Tout roule aujourd'hui dans le monde.*

    Mais cela ne me touche guere ;
    Je dédaigne de tels objets.

L'AINÉE.

Sans crainte de passer pour fiere,
Je porte plus haut mes projets.
Le destin qui pour moi s'apprête
Flatte mon cœur ambitieux.

LA CADETTE.

Une plus illustre Conquête
Peut seule contenter mes vœux.

L'AINÉE.

Air : *Avec un air de mystere.*

Un Amant pour moi soupire,

Dont je dois taire le nom.
LA CADETTE.
Quelqu'un, que je n'ose dire,
De son cœur m'a fait le don.
L'AINÉE.
Mais à t'en faire un mystère,
Mon amitié souffriroit.
LA CADETTE.
Pour une Sœur aussi chere,
Puis-je avoir quelque secret ?
L'AINÉE.
Air : *Tout consiste dans la maniere.*

Si j'obtiens ce que je désire,
Vous en sentirez les effets.
LA CADETTE.
Si j'atteins le but où j'aspire,
C'est pour combler tous vos souhaits.
L'AINÉE.
Oui, disputons cet avantage
 Entre nous deux ;
Le bonheur qu'ainsi l'on partage
 Se goûte mieux.
LA CADETTE.
Air : *Tomber dedans.*
Quel est ce captif glorieux,

Qu'Amour met en votre puiffance ?
L'AINÉE.
Quel eft cet Amant dont les feux
Enflent fi fort votre efpérance ?
LA CADETTE.
Devinez.
L'AINÉE.
Non, dites-le moi.
LA CADETTE.
Ma chere, c'eft le Fils du Roi.
L'AINÉE.
Le Fils du Roi !
Le Fils du Roi !
LA CADETTE.
Et oui vraiment, le Fils du Roi.
L'AINÉE.
Air : *Mon petit doigt me l'a dit.*
La conquête eft glorieufe !
LA CADETTE.
Ne fuis-je pas bien heureufe ?
Il veut me donner fa foi.
C'eft votre tour à me dire,
Quel Amant fuit votre empire.
L'AINÉE.
C'eft, ma Sœur, le Fils du Roi.
LA CADETTE.
Air : *Dieu des Amans.*
Le Fils du Roi !
Vous raillez, je croi !

L'AINÉE.
Non, vraiment; rien n'eſt plus véritable.
LA CADETTE.
Je n'en crois rien.
L'AINÉE.
Moi, je le crois bien;
Votre avis ne détruit pas le mien.
Vous êtes fort aimable,
J'en conviendrai; mais,
Malgré tous vos attraits,
Croyez qu'on eſt capable,
Quand on le voudra,
D'effacer ces traits là.
LA CADETTE.
Ce n'eſt pas vous.
L'AINÉE.
Ce ſera moi.
LA CADETTE.
Mais il faut être de bonne foi:
Juſqu'à préſent votre beauté,
En vérité,
N'a point trop éclaté.
L'AINÉE.
Petite impertinente!
LA CADETTE.
Eh! bien, j'avouerai,
Par-tout je publierai,
Que vous êtes charmante;
Sûre qu'en ce point,
On ne me croira point.
L'AINÉE.

OPERA-COMIQUE.

L'AINÉE.

Air : *Jupin dès le matin.*

Vous me poussez à bout,
Vous cherchez, en tout,
A combattre mon goût ;
Votre humeur
Montre tant d'aigreur,
Qu'à nous séparer,
Il faut vous préparer :
Un excès de fierté,
De vanité,
Sans rime ni raison,
Vous donne un ton ;
Il semble qu'en ces lieux,
Jeunes & vieux
Viennent se brûler aux feux
De vos yeux :
Vous voyez cependant,
Le plus souvent,
Qu'on vous laisse à l'écart ;
C'est un hazard,
Quand quelque Freluquet
Daigne soûrire à votre air coquet.

LA CADETTE.

Air : *Plus les Amans vivront.*

Criez tout à loisir :
Un jour à venir,
Je sçaurai répondre ;

CENDRILLON;

Je vais, pour vous confondre,
Monter au rang
Qui m'attend.

L'AINÉE.

A ce rang defiré,
On peut me conduire;
Je vous y préviendrai.

LA CADETTE.

Vous me faites rire!

L'AINÉE.

Cendrillon, que je vois là,
En jugera.

SCENE IV.
LES DEUX SŒURS, CENDRILLON.

LA CADETTE.

Suite de l'air.

Qui de nous deux
Te paroît la plus belle?

L'AINÉE.

Qui de nous deux
Inspire plus de feux?

LA CADETTE.
Laissez-moi parler.
L'AINÉE.
Taisez-vous, Perronnelle,
(à *Cendrillon*.)
Sans dissimuler....
LA CADETTE.
Oui, conviens que c'est elle.
ENSEMBLE.
Ne finirez-vous pas
 Tout ce tracas ?
Il me fatigue fort ;
 Vous avez tort,
Mais, mais, très-grand tort,
 D'oser encor
Prendre un tel essor.
L'AINÉE.
Air : *La mort pour les malheureux.*
Décide donc entre nous.
CENDRILLON.
Que voulez-vous ?
LA CADETTE.
Je te l'ai déjà dit,
 C'est qu'il s'agit....
L'AINÉE.
De sçavoir qui des deux
Peut mériter le mieux.

CENDRILLON;

L'hommage d'un Prince amoureux.
LA CADETTE.
Ce Prince est le Fils du Roi.
CENDRILLON.
Le Fils du Roi !
LA CADETTE.
Il est épris de moi.
L'AINÉE.
Non, c'est de moi ;
C'est de moi, sur ma foi.
LA CADETTE.
Cela suffit :
Je sçais ce qu'il m'a dit.
L'AINÉE à *Cendrillon*.
Dis-nous donc
Quelque raison.
Te voilà bien rêveuse !
CENDRILLON à part.
Sûrement,
C'est mon Amant ;
Ne suis-je pas bien chanceuse ?
Ceci pour moi tourne mal.
LA CADETTE.
Cette nuit nous étions au Bal.
CENDRILLON à part.
Au Bal ! c'est mon Inconstant,
C'est mon perfide Amant !
LA CADETTE.
Parle-nous donc, si tu veux.
CENDRILLON.
Je n'oserois....
Vous avez toutes deux

Mêmes attraits;
Qui voudroit faire un choix,
Auroit besoin, je crois,
D'y regarder plus d'une fois :
Mais qui sçait si quelqu'Objet,
Bien moins parfait,
De ce beau Prince-là,
N'a pas déjà
Sçu captiver le cœur ?

LES DEUX SŒURS *ensemble.*

Non, non, ma Sœur :
Moi seule ai cet honneur.

LA CADETTE.

Certain Objet, à tout le monde inconnu,
Au Bal s'est pourtant vû.
D'abord le Prince attaché sans cesse à ses pas...

CENDRILLON.

Hé bien ?

LA CADETTE.

Sembloit en faire cas.

CENDRILLON.

Avoit-elle des appas ?

LA CADETTE.

Beaucoup.

L'AINÉE.

Très-peu.

LA CADETTE.

Près d'elle, j'en fais l'aveu,
Vous n'auriez pas beau jeu.

L'AINÉE.

Le méchant esprit !

B iij

CENDRILLON,

LA CADETTE.

Oui, c'est par dépit
Que vous en parlez.

CENDRILLON.

Vous vous querellez
Pour un rien.

L'AINÉE.

Tais-toi,
Il te sied, ma foi,
D'oser me faire la loi.

CENDRILLON.

A vos débats,
Moi, dame, je ne prends aucune part ;
Ne doit on pas
L'une pour l'autre avoir quelqu'égard ?

LA CADETTE.

Garde tes leçons ;
Adieu, nous verrons
Qui l'emportera.

L'AINÉE.

Oui, oui, l'on verra :
Adieu donc, ma sœur ;
Dans votre grandeur,
Soyez de meilleure humeur.

(*Elles sortent.*)

SCENE V.

CENDRILLON *seule*.

Air : *Quel amour fut aussi tendre !* De Nina.

A Me nuire,
   Tout conspire ;
O sort, quelle est ta rigueur !   (bis.)
D'Amour un trait me déchire ;   (bis.)
Et c'est encore un malheur !   (bis.)
   Deux Rivales se déclarent.
Que deviendra mon ardeur ?
Des maux qui sur moi se préparent,
Le plus sensible à mon cœur
Seroit d'aimer un trompeur.
   A me nuire,
   Tout conspire ;
O sort, quelle est ta rigueur !   (bis.)
D'Amour un trait me déchire ;   (bis.)
Et c'est encore un malheur !   (bis.)

SCENE VI.

CENDRILLON, LA MARAINE.

CENDRILLON.

Air : *Au bord d'un ruisseau je file.*

Voyez une infortunée.

LA MARAINE.

Quels nouveaux malheurs
Font naître vos douleurs ?

CENDRILLON.

Ne suis-je donc condamnée
Qu'à vivre toujours dans les pleurs ?
Vous avez assez vu, Madame,
Quel objet a touché mon ame.

LA MARAINE.

Hé ! bien....

CENDRILLON.

Ce funeste vainqueur,
Que j'adore au fond de mon cœur,
Peut-être n'est qu'un imposteur ;
Mes Sœurs se disputent l'Amant
Qui cause aujourd'hui mon tourment.

LA MARAINE.

Air : *Grand S. Martin, ou la Sarabande d'Issé.*

Vos sœurs ne sont que des ambitieuses :

OPERA-COMIQUE.

   D'un seul regard
    Par hazard
    Echappé,
  Leur esprit s'est frappé.
Sur tous les cœurs ces orgueilleuses
   Croyent avoir
  Un absolu pouvoir.
Quand leur beauté surpasseroit la vôtre,
Il est un art qui manque à l'une & l'autre,
Qui seul peut allumer une constante ardeur;
  Cet art, c'est la douceur.

  Air : *Du Précepteur d'Amour.*

C'est la premiere des vertus
Dont se doit parer une Belle ;
C'est la ceinture dont Vénus
Retient les Amours auprès d'elle.

CENDRILLON.

  Air : *Reçois dans ton galetas.*

A juger par leurs discours,
Mes sœurs ont raison de croire
Qu'on les aime.

LA MARAINE.

    Vains détours
De sottes qui s'en font accroire.
D'un Prince qui veut s'amuser,
Un mot a pu les abuser.

CENDRILLON.

Air : *Pourvu que Colin, ah ! voyez-vous.*

Mais cependant...

LA MARAINE.
Mais s'il avoit
Une telle manie,
Un jour il se repentiroit
D'avoir fait la folie.
CENDRILLON.
Bon ! si d'un autre il est l'époux,
Qu'il s'en repente ou non, voyez-vous,
Je n'en serois, ne vous déplaise,
Gueres plus à mon aise.

LA MARAINE.
Air : *Avec moi vous faites comparaison.*
Mais comment donc l'Amour en peu de tems,
A fait chez vous des progrès surprenans !
(*On entend derriere le Théâtre un bruit de tambour.*)

CENDRILLON.
Air : *Je m'sentois là-dedans.*
Qu'est-ce donc que j'entends ?
LA MARAINE.
Je vous en rendrai compte ;
Demeurez un instant,
Je reviens sur le champ.
CENDRILLON.
D'un amoureux penchant,
Ma Bonne me fait honte ;
Et veux que je surmonte
Ce qui me fait plaisir
Encore à ressentir.

SCENE VII.

CENDRILLON *seule*.

Air : *de M. La Ruette*. N°. 6.

Amour, dont je ressens la flâme,
Epargne un foible cœur qui se livre à tes coups ;
Les traits dont tu blesses mon ame
Sont-ils l'effet de ton courroux ?
Fais briller à mes yeux un rayon d'espérance,
Ou rend-moi mon indifférence ;
Mon sort me paroîtra plus doux.

SCENE VIII.

CENDRILLON, LES DEUX SŒURS, UN OFFICIER *du Roi, accompagné d'un Tambour.*

L'AINÉE.

Air : *L'Allemande Suisse.*

Est-il bien vrai ?

L'OFFICIER.

Oui, sans délai,
Il faut, Mesdames, que chacune vienne.

LA CADETTE.

Et sçavez-vous

Ce que de nous
Le Roi demande aujourd'hui ?
L'OFFICIER.
Oui.
Le Prince Azor
Fait à la fin un effort ;
Lui, qui d'Amour a toujours fui la chaîne,
Il veut avoir,
Une Epouse dès ce soir,
Parmi les Belles du canton.
LES DEUX SŒURS.
Bon.
L'AINÉE.
Déjà je vois,
Je prévois
Où ce choix
Peut tomber.
LA CADETTE.
Vous pourriez bien vous tromper,
Ma Reine.
L'AINÉE.
Je ne suis pas,
En ce cas,
Seule ici,
Qui pourroit en avoir le démenti.
LA CADETTE.
Si.
L'OFFICIER.
A cet Hymen glorieux,
Vous pouvez bien toutes les deux
Prétendre ;
Certaine épreuve on fera ;
Qui sur ce point décidera.

OPERA-COMIQUE.

LES SŒURS.

Ah!

LA CADETTE.

Quelle est cette épreuve-là?

L'OFFICIER.

Vous ne pouvez en ce moment l'apprendre;
Adieu. Ce soir on sçaura
Pour qui sera
Ce prix-là.

LES DEUX SŒURS.

Ah!

L'AINÉE.

Air: *Faut-il qu'une si foible plante.*

A l'insçu de ma Sœur cadette,
Monsieur, dites-moi franchement
Si, dans l'hymen qui se projette,
On parle de moi.

L'OFFICIER.

Non, vraiment.

L'AINÉE.

Vous badinez?

L'OFFICIER *à part.*

Sur ma parole,
La pauvre Demoiselle est folle.

LA CADETTE.

Même air.

Sans en rien dire à mon aînée,
Avouez-moi, mon cher Monsieur,
Que le Prince, en cette journée,
Va s'expliquer en ma faveur?

L'OFFICIER.

Nenni.

CENDRILLON;

LA CADETTE.
Vous n'êtes pas sincere.

L'OFFICIER à part.
Oh! parbleu, les deux font la paire.
Air : *Ces Filles font si sottes.*
Eh! quel est ce joli minois,
Qui nous écoute en tapinois?

L'AINÉE.
C'est une pauvre Fille.

LA CADETTE.
Qui nous visite quelquefois.

L'OFFICIER.
Elle est, ma foi, gentille!   (*bis.*)

CENDRILLON, à part.
Air : *On n'aime point dans nos forêts.*
Eh quoi! mes Sœurs, en ce moment,
Rougissent de me reconnoître!

L'OFFICIER.
Approchez donc, la belle Enfant :
On ne risque rien de paroître,
Quand on possede tant d'appas.

L'AINÉE à *Cendrillon*.
Voulez vous bien aller là-bas?
Air : *Du manchon.*
(*à l'Officier.*)
Pour peu que le cœur vous en dise,
Soyez avec nous moins discret :
Comme à nos soins elle est commise,
Votre hymen seroit bien-tôt fait.

L'OFFICIER.
J'accepterois des offres si flatteuses,
Si vous étiez moins curieuses;

OPERA-COMIQUE. 31
Mais là-dessus,
Tous vos efforts sont superflus;
Attendez à ce soir,
Pour tout sçavoir,
Attendez à ce soir.

(*Il sort.*)

SCENE IX.

L'AINÉE, LA CADETTE, CENDRILLON.

L'AINÉE.

Air: *Mariez, mariez-moi.*

Enfin voici le moment,
Où mon triomphe s'apprête;
La main d'un Prince charmant
Va devenir ma conquête;
Préparons, préparons, préparons tout,
Pour briller à cette fête;
Préparons, préparons, préparons tout,
Pour l'affermir dans son goût.

LA CADETTE.

Air. *Pour t'avoir, le grivois te guette.*

Par le secours de la toilette,
Rendons ma beauté si parfaite,
Qu'Azor puisse en mes yeux
Retrouver encor de nouveaux feux.

Dieux ! s'il répond à ma tendresse,
Quelle sera mon allégresse !
Cendrillon, dépêchons ; tôt, tôt,
Apportez ce qu'il faut,
Je veux partir bien-tôt.

L'AINÉE.

Air : *T'as l'pied dans le margouillis.*

Oh ! faites comme il vous plaira ;
Sa seule affaire
Est de me plaire ;
Oh ! faites comme il vous plaira ;
Je retiens Cendrillon pour cela.

Air : *Comme un Coucou.*

Qu'on apporte ici ma toilette.

LA CADETTE.
Qu'on apporte la mienne aussi.
L'AINÉE.
Je céderois à ma cadette !
LA CADETTE.
Oh ! l'âge ne fait rien ici.

CENDRILLON.

Air : *A l'envers.*

Par qui faut-il que je commence ?

LA CADETTE.

C'est par moi.

L'AINÉE.

OPERA-COMIQUE.

L'AINÉE.
Oh ! vous voulez prendre l'avance,
Je le voi.
Mais quittez ce fol espoir.
LA CADETTE.
Il faut voir.

(On apporte deux toilettes toutes dreſſées.)

L'AINÉE.
Air : *On prend femme, c'est l'uſage.* Noté dans *l'Heureux déguiſement.*

Allons vîte qu'on m'arrange.   (bis.)
LA CADETTE.
Je vous trouve fort étrange.   (bis.)
Cendrillon, venez m'aider,
Laiſſez-la s'accommoder.
L'AINÉE.
Vous parlez bien à votre aiſe :
Attendez, ne vous déplaiſe,
Qu'elle ait poſé mes rubans :
Cendrillon n'a pas le tems.   (bis.)
LA CADETTE.
Ah ! si vous êtes la maîtreſſe,
Il eſt juſte qu'on ſe preſſe.
L'AINÉE.
C'eſt vous qui faites la Princeſſe ;
Tout vous choque, tout vous bleſſe.
ENSEMBLE.
Madame fait la Princeſſe, }
Madame fait la maîtreſſe.   } (4 fois.)
CENDRILLON.
Si vous parlez toutes les deux,
Comment répondre à vos vœux ? (3 fois.)

C

CENDRILLON,

L'AINÉE.

Raisonneuse ! *(bis.)*

LA CADETTE.

Paresseuse ! *(bis.)*

L'AINÉE.

Faut-il, quand on dit un mot,
Que vous soyez de l'écot ?

CENDRILLON.

Me gronderez-vous sans cesse,
Quoique je n'aye aucun tort ?

L'AINÉE.

Encor ?

LA CADETTE.

Aurez-vous bientôt fini ?
Songez-vous que l'heure presse ? *(bis.)*

L'AINÉE.

Si je le sçais ? Vraiment oui ;
Eh ! vraiment oui.
Mais quel démon vous transporte,
De la presser de la sorte ?
Pour finir plus promptement,
Elle m'assomme la tête,
La mal-adroite, la bête !
Elle m'assomme la tête :
(à Cendrillon.)
Allez donc plus doucement, *(bis.)*
Plus doucement.

CENDRILLON.

Je ne puis mieux faire,
Mieux faire.

L'AINÉE, *la repoussant.*

Ote-toi de-là.

OPERA COMIQUE.

LA CADETTE, *la repouſſant auſſi.*
Ote-toi de-là :
Va-t-en, va-t-en, va-t-en, ma chere,
De tes ſoins on ſe paſſera ;
Ote-toi de-là, ma chere ;
Et pour ma ſœur garde ce ſoin,
Je n'en ai plus aucun beſoin.   (*bis.*)

(*La Maraine entre ; les deux ſœurs
ſortent en lui faiſant une grande
révérence & en chantant :*)
Suivons l'Amour, c'eſt lui qui nous mene.

SCENE X.

CENDRILLON, LA MARAINE.

LA MARAINE.

Air : *Où s'en vont ces gais bergers.*

Où vont-elles ſi gaiement ?

CENDRILLON.

Ce n'eſt point un myſtere ;
Vous ſçavez l'évenement,
A mon amour contraire.
Azor les mande au Palais.
Quelle triſte nouvelle !
Pourra t-il, en voyant tant d'attraits,
Ne pas m'être infidele ?

C ij

CENDRILLON;

LA MARAINE.

Air : *Je suis un bon soldat.*

L'espoir qui les conduit,
Le séduit;
Soyez moins allarmée;
Vous verrez leurs projets
Sans effets
S'en aller en fumée.

Air : *Pour voir un peu comment ça s'ra.*

Ce sont autant de pas perdus;
Elles sont bien loin de leur compte;
J'en sçais plus qu'elles là-dessus,
Elles n'en auront que la honte.
L'épreuve qu'on doit exiger,
Va les confondre & vous venger.

CENDRILLON.

Air : *Vous voulez me faire chanter.*

De quelle épreuve parle-t-on ?

LA MARAINE.

Je ne puis vous le dire ;
Suffit qu'en cette occasion
Rien ne sçauroit vous nuire ;
Vous en aurez tout l'agrément ;
C'est moi qui vous l'assure.
Allez au Palais seulement,
Et tentez l'aventure.

Air : *Préparons-nous pour la fête nouvelle.*

Il faut aller disputer la victoire :
Ce jour est celui de la gloire ;
La Fortune & l'Amour veulent vous couronner.

OPERA-COMIQUE.

CENDRILLON.
A cet espoir flatteur dois-je m'abandonner ?
LA MARAINE.
Air : *Allarmez-vous.*
Partez, vous dis-je, allez en assurance.
CENDRILLON.
Très-volontiers. Mais....
LA MARAINE.
Quoi ?
CENDRILLON.
Ma Bonne.
LA MARAINE.
Eh ! bien ?
CENDRILLON.
Pour me montrer avec plus de décence,
Ne faut-il pas ?....
LA MARAINE.
Non, non, il ne faut rien.
CENDRILLON.
Air : *Non, je ne ferai pas.*
Eh ! quoi ! vous prétendez que parmi tant de Belles,
Dont l'art releve encor les graces naturelles,
Dans l'état où je suis j'irai me présenter !
Azor m'oseroit-il seulement regarder ?
LA MARAINE.
Air : *Les petits riens.*
Votre beauté,
Cet heureux don de la Nature,
Votre beauté,
Vous dédommage avec usure.
N'alterez point par l'imposture
Cette aimable simplicité ;

La plus élégante parure,
C'est la beauté.

CENDRILLON.

Air : *Ne v'là-t-il pas que j'aime ?*

Je souscris à vos volontés ;
Guidez mon ignorance ;
Je dois répondre à vos bontés
Par mon obéissance.

(Elles sortent.)

(Le Théâtre change, & repréſente l'appartement du Prince.)

SCENE XI.

AZOR *seul.*

Air : *de M. de La Ruette.*

O Toi qui me punis de mon indifférence,
Amour, Amour, j'implore ta clémence ;
Mon cœur en ce moment abjure son erreur.
Ah ! si mon repentir désarme ta rigueur,
Fais moi connoître ce que j'aime ;
Fais encor plus pour mon bonheur,
Fais que j'en sois aimé de même.

SCENE XII.
AZOR, PIERROT.

PIERROT.

Air : *Vous me l'avez dit, souvenez-vous-en.*

Vous qui faisiez l'esprit fort,
Vous sentez donc votre tort ;
Vous parliez différemment ;
Je vous l'ai prédit, souvenez-vous-en,
Je vous ai prédit qu'Amour
Vous joueroit un mauvais tour.

AZOR.

Air : *Je ne sçais pas écrire.*

Mon ordre a-t-il été suivi ?

PIERROT.

Seigneur, vous serez obéi ;
On vient de me l'apprendre.
Quel sabbat nous aurons ici !
Toutes nos Dames à l'envi
Ont promis de s'y rendre.

AZOR, *vivement.*

Air : *Je ne verrai plus ce que j'aime.*

Je reverrai donc ma Déesse :
Un Dieu propice à ma tendresse,
A mes desirs pressans va la rendre aujourd'hui....

C iv

PIERROT.

Air : *Ici sont venus en personne.*
Par ma foi, vous aurez beau faire ;
Cet objet qui vous a sçu plaire
Ne vous sera jamais rendu.

AZOR.

Pourquoi donc ?

PIERROT.

    C'est quelque chimere,
Une ombre, un être imaginaire ;
Hier, quand elle a disparu,
On a cherché tant qu'on a pu,
Elle s'est trouvée.... introuvable :
Pour moi je crois que c'est le Diable
Qui sous ce minois simple & doux,
S'est voulu divertir de vous.

Air : *De l'horoscope accompli.*

Laissez donc là cette chaussure ;
A quoi peut-elle vous servir ?
Croyez-vous y voir la figure
Du Tendron qui vous fait souffrir ?

AZOR, *tenant la mule.*

Vois, Pierrot, quelle gentillesse !

PIERROT.

Je vois plutôt votre foiblesse.

AZOR.

Le joli pied ! ah ! qu'il me plaît !

PIERROT.

Oui, mais tient-il ce qu'il promet ?

OPERA-COMIQUE.

Air: *Boire à son tour.*

Par cet échantillon,
Vous jugez d'une Belle ;
Vous perdez la raison :
Pardonnez à mon zele ;
Mais, en honneur,
C'est une erreur ;
Souvent le pied le plus mignon
Sert à porter une laid'ron,
Une laid'ron.

AZOR.

Air : *Que ne suis-je la jonquille ! ou, l'Amant frivole.*

Je me suis fait à moi-même
Les reproches les plus forts ;
Du destin la loi suprême,
Triomphe de mes efforts.
Loin de blâmer ma tendresse,
Sers plûtôt, sers mon ardeur ;
Et respecte une foiblesse,
Où j'attache mon bonheur.

PIERROT.

Air *Laissi, lasson, la son bredondaine.*

J'y ferai diligence,
Comptez, comptez sur ma vigilance :
J'y ferai diligence.
(*On entend un bruit confus de plusieurs
femmes derriere le Théâtre.*)

SCENE XIII.

PLUSIEURS FEMMES *derriere le Théâtre,* **UN SUISSE** *défendant la porte,* **AZOR, PIERROT.**

PIERROT.

Mais qu'est-ce que j'entend ?
LE SUISSE, *repoussant les femmes.*
Doucement, doucement, doucement.

PIERROT.

Ah ! quel charivari,
Nous allons voir ici !
Un régiment de Belles,
En beaux atours, en modes nouvelles,
Malgré les Sentinelles,
Entrent dans le moment.
LE SUISSE.
Doucement, doucement, doucement;

CHŒUR DE FEMMES.

Air : Ah ! Madame Anroux.

C'est l'ordre du Roi ;
Monsieur, laissez-moi,
Passer, je vous prie.
C'est l'ordre du Roi ;

Je vous en supplie,
Monsieur, laissez-moi.
LE SUISSE.
Si vous n'y prenez garde, *(bis.)*
Moi, de mon hallebarde,
Je donne un coup à toi.
CHŒUR DE FEMMES.
C'est l'ordre du Roi;
Monsieur, laissez-moi.
LE SUISSE.
Personne n'y passe.
CHŒUR.
C'est l'ordre du Roi.
LE SUISSE.
Je ferai main basse,
Jarni, par ma foi.
(Toutes les femmes entrent.)

SCÈNE XIV.
CŒUR DE FEMMES, AZOR, PIERROT.

PIERROT.

Air : Laffi, laffon, la fonbredon laine.

Voici nos Aspirantes;
Voyez, voyez : qu'elles sont charmantes !
Voici nos Aspirantes;
Défendez bien, Seigneur,

CENDRILLON,
Votre cœur,
Votre cœur.

Air : *Sexe charmant dont le partage.*

Aimez-vous la Blonde ou la Brune ?
Ici l'on a de quoi choisir.
Ne les faites donc pas languir.
(à part.)
Pourquoi faut-il n'en prendre qu'une?
J'en vois beaucoup qui dès ce soir,
Accepteroient bien le mouchoir.

LA SŒUR AINÉE à *Azor*.

Air : *Je donnerois les revenus.*

Je viens, Seigneur....
LA CADETTE.
Avec grande impatience....
L'AINÉE.
Jouir d'un honneur....
LA CADETTE.
J'ai couru, Seigneur....
L'AINÉE.
Pour moi bien flatteur.
LA CADETTE.
Si-tôt votre ordre venu....
L'AINÉE.
L'aurois-je jamais cru ?
LA CADETTE.
J'ai fait diligence.
L'AINÉE.
Ce jour précieux....

OPERA-COMIQUE.

LA CADETTE.
Moment trop heureux!
L'AINÉE.
Comble tous mes vœux.
LA CADETTE.
Quel doux espoir....
L'AINÉE.
Pour moi quelle gloire....
LA CADETTE.
J'ose concevoir!
L'AINÉE.
D'être en votre mémoire!
LA CADETTE.
Tant de Belles à la cour....
L'AINÉE.
Aussi ma reconnoissance....
LA CADETTE.
Peuvent briguer votre amour....
L'AINÉE.
Vous assure du retour.
LA CADETTE.
Que je n'osois me flatter....
L'AINÉE.
Excusez mon imprudence.
LA CADETTE.
D'avoir sçu le mériter.
L'AINÉE.
Le zèle a sçu m'emporter.
AZOR à *Pierrot.*
Air: *Morgué, la femme qui m'aura.*
Je n'entends rien à ce jargon.
PIERROT.
Ni moi non plus, je vous répond ;

CENDRILLON,

Ce sont deux sœurs qui, cette nuit,
   Au Bal ont fait du bruit ;
Qui, d'abord qu'on les regardoit,
Croyoient que l'on leur en contoit ;
   Qui toujours minaudant ;
   Toujours vous abordant,
Sembloient vous dire ; allons, Seigneur,
Humanisez donc votre cœur. (*bis.*)

AZOR aux Sœurs.

Air : *Paris est en grand deuil.*

Un tel empressement
Me flatte infiniment....
(à Pierrot.)
Tâche de m'en défaire.

PIERROT aux Sœurs.

Le Prince, en vérité....
Se trouve.... très-flaté....
(à part.)
Je ne sçais comment faire.

Air : *La Carmagnole.*

(au Prince.)
   Nous ne sommes pas
   Hors d'embarras ;
   Toutes vont venir,
   Et vous tenir
   Même langage ;
   Nous ne sommes pas,
   Hors d'embarras ;
Toutes vont bientôt vous tomber sur les bras.

OPERA-COMIQUE.

Air : *Du Précepteur d'amour.*
Il faut pour vous débarrasser
De cette foule ridicule,
Il faut, vous dis-je, commencer
A faire l'essai de la mule.

SCENE XV.

Les Acteurs Précédens, CENDRILLON,
SA MARAINE.

LA MARAINE.
Air : *La voici, tôt décampons.*
Entrez donc.
CENDRILLON.
Non, j'ai trop peur;
Je sens palpiter mon cœur.
LA MARAINE.
Qui peut vous causer un tel effroi?
CENDRILLON.
C'est que l'on va se moquer de moi.
LA MARAINE.
Point tant de discours,
Avancez toujours.
CENDRILLON.
Guidez donc mes pas;
Ne me quittez pas.
LA MARAINE.
Ah! que de façon!

CENDRILLON.
Ma Bonne, venez donc.

CHŒUR DE FEMMES.

Air : *Oh, oh, tourelouribo !*

Quelle Nymphe se présente !
Oh, oh, tourelouribo !
Voyez donc qu'elle est charmante !
Oh, oh, tourelouribo !
En honneur, elle m'enchante.
Oh, oh, oh, tourelouribo !

L'AINÉE à *Cendrillon.*

Air : *Tarare ponpon.*

Que venez-vous chercher, petite Téméraire ?
Osez-vous vous montrer avec ces haillons-là ?
LA CADETTE, à *Cendrillon.*
Sors, ou crains ma colere.
LA MARAINE.
Non, elle restera.
AZOR à *Pierrot.*
Pierrot, fais-les donc taire.
PIERROT.
Paix-là !

AZOR à *Cendrillon.*

Air : *Des Proverbes.*

Venez, venez. (*à part.*) Que d'appas ! qu'elle est belle !
(à *Cendrillon.*)
Venez, venez ; bannissez la frayeur.

(*à part.*)

OPERA-COMIQUE.

(à part)
Quel feu nouveau vient m'enflâmer pour elle !
Quel nouveau trait perce mon cœur !

LA MARAINE, à Azor.

Air : *Dans un Couvent bien-heureux.*

A notre témérité
Daignerez-vous faire grace ?
Et n'est-ce point trop d'audace ?

AZOR.

Ah ! j'en suis trop enchanté.
Si quelqu'Objet peut s'attendre ;
A m'enchaîner sous ses loix ;
Vous seule y pouvez prétendre,
Vous seule fixez mon choix.

PIERROT à Azor.

Air : *Belle Brune.*

Et la mule ?
Et la mule ?
Seigneur,
Un peu moins d'ardeur,
Qui trop avance, recule ;
Et la mule ?   (bis.)

(à Cendrillon & aux autres.)

Air : *Le Corbillon.*

Ce n'est pas assez pour lui plaire,
D'avoir beaux yeux, belle bouche, beaux bras ;

D

Jambe fine & taille légere,
Sont des beautés qui ne le flattent pas.
Il faut pour gagner son amitié,
Un joli petit,
(*Montrant la mule.*)
Un petit joli,
Un joli gentil petit pied.

AZOR.

Air : *Non, je ne crois pas.*

Non, je ne sçaurois
Risquer à perdre tant d'attraits ;
Non, non, non, je ne sçaurois
Remettre au sort de si chers intérêts,
Je ne veux devoir qu'à l'Amour,
Le prix que j'attends en ce jour.
Ce Dieu lui-même,
Dans l'Objet que j'aime,
M'assure un bien suprême.
Non, je ne sçaurois
Risquer à perdre tant d'attraits ;
Non, non, non, je ne sçaurois
Remettre au sort de si chers intérêts.

(*à Cendrillon.*)

Air : *D'Eglé. Que je vous aime !*

Oui, je vous aime :
Mais quel sera le prix de cette ardeur extrême ?
Vous pouvez d'un seul mot dissiper mes ennuis.

CENDRILLON.

Seigneur....

OPERA-COMIQUE.

AZOR.
Vous balancez.... parlez....

CENDRILLON.
Non, je ne puis.

AZOR.
Que je vous aime !

CENDRILLON.
Eh ! bien, oui, je vous aime.

PIERROT.

Air : *Tout est dit.*

Voilà, ma foi, ce qui s'appelle,
Mener l'Amour tambour battant ;
Sans en faire à deux fois, la Belle,
D'un plein saut, court au dénouement ;
Mais laissons-les s'assurer de leurs flâmes,
En pareil cas, un témoin toujours nuit :
    Adieu, Mesdames,
    Tout est dit.

L'AINÉE.
Air : *Comment donc as-tu réussi ?*
Cette petite Cendrillon !

LA CADETTE.
Cette petite Cendrillon !

LA MARAINE.
De deux sœurs est-ce-là le ton ?
Apprenez l'une & l'autre
A respecter son rang & son nom ;
    Ils valent bien le vôtre.

D ij

CENDRILLON,

Air : *Bouchez, Nayades.*

Mais vous l'avez trop outragée ;
Il est tems qu'elle soit vengée.
Demeurez encor un instant,
Je vais vous la faire connoître.
Pour le sort le plus éclatant,
Sçachez que les Dieux l'ont fait naître.

Air : *J'ai, sans y penser.*

Si le Prince Azor,
   Voyoit encor
   Son Inconnue ?....
Dans ce jeune Objet,
S'il la retrouvoit trait pour trait ?...
   Un charme secret
La déroboit à votre vûe ;
   Mais à votre amour,
   Je la rends en ce jour.

AZOR.

Air : *C'est chez vous.*

Quoi ! c'est vous
Qui m'inspiriez les transports les plus doux ?
Quoi ! c'est vous ?...

LA MARAINE.

Air : *Vraiment, ma Commere, oui.*

Reconnoissez-vous ceci ?
                  (Montrant l'autre mule.)

OPERA-COMIQUE.

PIERROT.

Vraiment, ma Commere, oui :
Tenez, voilà la pareille.
Quelle est donc cette merveille !
Je me perds dans tout ceci.

CHŒUR de M. La Ruette.

AZOR, CENDRILLON, LA MARAINE.

Aux plus tendres ardeurs,
Livrons, livrons nos ⎫
Livrez, livrez vos ⎬ cœurs ;
L'Amour ⎧ nous ⎫ engage,
⎩ vous ⎭

L'Hymen va ⎧ nous ⎫ unir,
⎩ vous ⎭
Quel plaisir ! Quel plaisir !
Toujours plus amoureux,
Serrons, serrons ⎫
Serrez, serrez ⎬ les nœuds,
Qui vont ⎧ nous ⎫ rendre heu-
⎩ vous ⎭ reux !

LES DEUX SŒURS.

Aux plus noires fureurs,
Livrons, livrons nos cœurs ;
La honte, la rage,
Est notre partage ;
Ah ! c'est trop en souffrir !
Fuyons, fuyons ces lieux,
Et délivrons nos yeux,
D'un spectacle odieux.

D iij

CENDRILLON,

Des rigueurs d'un cruel destin, Aurai-je toujours à me plaindre? Des rigueurs d'un cruel destin, Aurai-je toujours à me plaindre? Un foible espoir me luit en vain, Je n'en ai pas moins tout à craindre, Je n'en ai pas moins tout à craindre.

cherchez point d'excuse, Je de-vine ai-sément pourquoi Vous n'a-vez point sui-vi ma loi. IL est
vrai; j'en suis confu-se, j'en suis con-fuse.
La Maraine.
OH ! vraiment je le croi, je le croi, Mais pourquoi, mais pourquoi Ce manque de foi, ce manque de
foi ? Fil-lette toujours raisonne, Et
n'é-coute per-sonne, Quand on s'oppose à son pen-

OPERA-COMIQUE. 57

Cendrillon. NOn, non; c'est que, ma Bonne, C'est que, ma Bonne, Je n'ai pas pû faire autrement, Je n'ai pas pû faire autrement. *La Maraine.* IL falloit n'en croire que moi, Il falloit mieux suivre ma loi. *Cendrillon.* IL est vrai; mais ma fo-li-e Est bien pu-nie: *La Maraine.* Jun moment... UN moment fait ef-fet; On s'y plaît, On s'en fait un a-mu-sement. *Cendrillon.* PArdon, ma

AIR, par Mr. LA RUETTE.

on d'espe- ran- ce, Ou rends moi mon in diffe-

rence, Mon sort me pa- roîtra plus doux. A &c.

FIN.

APPROBATION.

J'AI lû, par ordre de Monsieur le Lieutenant Général de Police, *Cendrillon*, Opera-Comique, & je crois que l'on peut en permettre la représentation & l'impression. A Paris ce 9 Février 1759.

CRÉBILLON.

Le Privilége & l'enrégistrement se trouvent au Tome I. du *Nouveau Théâtre de la Foire*, ou Nouveau Recueil des Pieces représentées sur le Théâtre de l'Opera-Comique depuis son rétablissement jusqu'à présent.

Catalogue de Musiques nouvelles relatives aux Pièces de Théâtres & autres.

L'Amusement des Dames, ou Recueil des Menuets, Contre-Danses, Vaudevilles, Rondes de Table, 10 parties, 1 vol. *in-8*. 12 l.

La Toilette de Vénus dressée par l'Amour, contenant des Menuets, Contre-Danses, Vaudevilles, 10 parties, 1 vol. *in-8*. 12 l.

Le passe-tems agréable & divertissant, Vaudevilles, Rondes de Table, Duo, Brunettes & autres, 10 parties, 1 vol *in-8*. 12 l.

Les Desserts des petits Soupers de Madame de … 10 parties 1 vol. *in-8*. 12 l.

L'Année Musicale, contenant un Recueil de jolis airs, parodies, en 20 part. formant 2 vol *in-8*. 24 l.

Les Thémiréides, ou Recueil d'Airs à Thémire, 3 parties, par M. l'Abbé de l'Attaignant. 3 l. 12 s.

Amusemens champêtres, ou les Aventures de Cythere, Chansons nouvelles à danser, 2 parties. 2 l. 8 s.

Recueils d'Airs & Menuets, Contre-Danses, Parodies chantés sur les Théâtres de l'Académie Royale de Musique, & de l'Opéra-Comique, 17 parties, chaque partie se vend séparément 1 l. 4 s.

Recueils des Menuets, Contre-Danses & Vaudevilles chantés aux Comédies Françoise & Italienne, 13 parties. 15 l. 12 s.

Le Troc, Parodie des Troqueurs, avec toute la Musique. 3 l. 12 s.

Airs choisis des Troqueurs. 1 l. 4 s.

Ariettes du Medecin d'Amour. 2 l. 8 s.

Ariettes de l'heureux Déguisement. 2 l. 8 s.

Airs choisis de la Bohemienne. 1 l. 4 s.

La Musique de la Pipée. 1 l. 10 s.

Ariettes de Ninette à la Cour, 4 parties. 6 l. 18 s.

Musique de la soirée des Boulevards. 1 l. 4 s.

Menuets nouveaux en Concerto, Contre-Danses, 4 parties. 4 l. 16 s.

Les Loix de l'Amour, ou Recueil de differens Airs, 3 parties. 3 l. 12 s.

Cantatille nouvelle des Talens à la mode, de M. de Boissi. 1 l. 4 s.

Choix de differens morceaux de Musique, 2 part. 2 l. 8 s.

Le volume se vend 12 livres, & le cahier 24 sols; le tout, séparément.

L'YVROGNE CORRIGÉ,

OPERA-COMIQUE

EN DEUX ACTES;

Par Mrs. ANSEAUME & ***;

Mis en Musique par M. DE LA RUETTE:

Représenté pour la premiere fois sur le Théâtre de l'Opera-Comique de la Foire Saint Laurent, le 23 Juillet 1759.

Le prix est de 24 sols avec les petits Airs.
Les Ariettes se vendent séparément 24 sols.

A PARIS,
Chez DUCHESNE, Libraire, rue S. Jacques, au-dessous de la Fontaine S. Benoît, au Temple du Goût.

M. DCC. LIX.
Avec Approbation & Privilége du Roi.

ACTEURS.

MATHURIN, *Vigneron*,   M. Bouret.

MATHURINE, *femme de Mathurin*,   Mlle. Deschamps.

COLETTE, *Niéce de Mathurin*, Mlle. Nécelle.

CLÉON, *Amant de Colette*,   M. S. Aubert.

LUCAS, *Ami de Mathurin*,   M. Oudinot.

TROUPES DE PAYSANS, ET DE COMÉDIENS Amis de Cléon.

La Scene est dans la maison de Mathurin.

L'YVROGNE CORRIGÉ,
OPERA-COMIQUE.

Le Théâtre représente la chambre de Mathurin. Il y a au milieu une table dressée, & une chopine dessus avec deux verres.

SCENE PREMIERE.
LUCAS, MATHURIN.
MATHURIN.

ARIETTE. Notée N°. 1.

Ça, çà, compere Lucas,
Mets-toi là, buvons chopine ;
Pour bannir l'humeur chagrine,
Grisons-nous, faisons fracas.

A ij

L'YVROGNE CORRIGÉ,

Ma femme en vain se mutine,
Et veut me faire la loi :
En dépit de Mathurine,
Colette sera pour toi.
Cléon n'a rien à prétendre,
C'est un petit freluquet.
Par ses airs, son doux caquet,
Ma femme se laisse prendre.
Mais je suis maître chez moi :
Colette sera pour toi.

LUCAS.

Ma foi, tu as raison, Mathurin; il faut tenir tête aux femmes.

MATHURIN.

Va, ne t'embarrasse pas : bon gré, malgré, je veux que ma niéce t'épouse ce soir. Allons, à la santé de ton mariage.

LUCAS.

Volontiers, tu me fais honneur. (*Ils boivent.*) A propos, sçais-tu bien que ta femme est une begueule ? Hier je veux lui payer chopine, elle m'appelle yvrogne.

MATHURIN.

Voyez l'impertinente ! Ne voudroit-elle pas que tout le monde bût de l'eau comme elle.

LUCAS.

Jarni, je ne m'étonne plus si elle est toujours de si mauvaise humeur.

Air : Eh ! allons, gai, réjouiſſons-nous.
L'eau rend l'eſprit triſte & mauſſade,
Vive le bon vin !

MATHURIN.
Il nous met en train ;
Tope, à toi, mon cher camarade.

LUCAS.
Eh ! allons gai, réjoüiſſons-nous ;
Buvons chacun raſade.

ENSEMBLE.
Eh ! allons gai, réjoüiſſons-nous,
Et faiſons les foux.

LUCAS.
A ta ſanté, Mathurin.

MATHURIN.
A la tienne, compere. *(Ils boivent.)*

LUCAS.
Tiens, en vérité, plus je bois de ton vin, plus je t'aime : tu es un honnête homme.

MATHURIN.
Et toi auſſi : touche-là ; mon ami, c'eſt que j'aime les honnêtes gens, moi !

LUCAS.
Te ſouvient-il du jour que nous fîmes connoiſſance au cabaret ?

MATHURIN.
Si je m'en ſouviens ! oh ! ma foi, c'eſt-là que ſe font les bons amis.

LUCAS.
Allons, à l'ancienne connoiſſance.

L'YVROGNE CORRIGÉ,

MATHURIN.
Air : *Nous venons de Barcelonette.*
Oui, c'est bien dit, buvons, compere.

LUCAS.
Je veux faire honneur à ton vin.

MATHURIN.
Point de façons.

LUCAS.
Voilà mon verre :
Ah ! qu'il est beau, quand il est plein !
(Ils boivent.)
Va, ta niéce pourra se vanter d'avoir pour mari un bon vivant de la joie.

MATHURIN.
Je crois que la petite commere aimera assez à se réjouir.

LUCAS.
Elle sera, morguenne, mieux avec moi qu'avec son grand flandrin de Cléon. Ça vous a de ces phisionomies sérieuses qui servent de remede à l'envie de rire.

MATHURIN.
Oh ! pargué, vive une trogne rubiconde comme la nôtre.

LUCAS.
Tiens, vois-tu ? Je ne donnerois pas ma figure pour celle d'un Prince : regarde ces couleurs-là.... Mais si nous trinquions un petit coup pour les entretenir.

OPERA-COMIQUE.

MATHURIN.

Tu as, mordié, toujours de bonnes idées...
Mais, il n'y a plus de vin : eh ! Colette,
apporte-nous donc à boire.

ENSEMBLE.

Refrain.

A boire, à boire, à boire.

SCENE II.

MATHURIN, LUCAS, MATHURINE, COLETTE.

TRIO.

MATHURIN.	MATHURINE.	LUCAS.
	Maudit ivrogne !	
Sotte carogne !		
Tu crieras donc toujours !	Tu boiras donc toujours !	Morbleu, buvons toujours.
		à Colette.
		Eh ! bon jour, mes amours.
	Quel chien de conte !	
	N'as-tu pas honte	
	De boire comme un trou,	
	Jusqu'à ton dernier soû ?	
	Si j'en croyois ma colere....	
Point de colere.		Tout doux, commere.
	Vieux libertin,	
	Chez moi sans fin	
	Que viens-tu faire ?	
Cela plaît à Mathurin.	Tu débauches Mathurin.	C'est que j'aime Mathurin.
Tais-toi, braillarde.		Quelle criarde !

A iv

L'YVROGNE CORRIGÉ.

MATHURIN.	MATHURINE.	LUCAS.
	Maudit ivrogne!	
Sotte carogne!		
Tu te tairas.	Tu t'en iras.	
		Cedons la place.
Ce tracas me déplait.		Ce tracas me déplait.
	Va-t-en boire au cabaret.	
		Allons boire au cabaret.
Au cabaret.	Au cabaret.	Au cabaret.

(Lucas & Mathurin sortent.)

SCENE III.

MATHURINE, COLETTE.

MATHURINE.

AH! les vilains hommes! qu'une pauvre femme est malheureuse avec ces animaux-là? Eh! bien, ma niéce, voilà pourtant le joli époux que ton oncle te destine.

COLETTE.

Non, ma tante, jamais je ne consentirai à prendre Lucas pour mari. A quoi me serviroit ce vieux yvrogne?

Air : *De tous les Capucins du Monde.*
Hélas! il faudroit du ménage
Faire à moi seule tout l'ouvrage,
Je sens bien qu'un pareil emploi
Est trop pénible pour mon âge ;
En prenant un homme avec moi,
Je veux quelqu'un qui me soulage.

MATHURINE.

Va, Colette, tu as bien raison : tu vois à quoi j'en suis réduite avec Mathurin.

Air : *Le Seigneur Turc a raison.*

Il ne m'est d'aucun secours,
Le travail m'excede :
Je dépéris tous les jours,
Sans qu'il y porte remede.
Que faire d'un faineant ?
Dans notre état, mon enfant,
On a grand besoin d'aide.

COLETTE.

Oh ! je m'en apperçois comme vous tous les jours.

MATHURINE.

Crois-moi, Colette, reste fille ; c'est le moyen de vivre heureuse : il n'est point d'état, dans la vie, plus agréable que celui-là.

ARIETTE. Notée N°. 2.

Sans soins, sans peine,
Sans gêne,
Au gré de ses desirs,
Une fille
Gentille
Peut suivre les plaisirs.
Une brillante cour
De galants faits au tour
Auprès d'elle s'empresse,
L'environne sans cesse,
L'un veut à son corset
Attacher un bouquet ;

D'un petit air malin,
L'autre lui prend la main.
Ou lui vole un baiser,
Qu'on veut en vain refuser.
Tous cherchent à lui plaire;
Qu'elle dise un mot,
Pour la satisfaire
On vole aussitôt :
Mais dans le ménage
Combien d'embarras !
On souffre, on enrage;
C'est un esclavage
Qui ne finit pas.
Entendre à toute heure
Ou l'enfant qui pleure,
Ou le pere yvrogne,
Qui jure, qui grogne,
Et souvent vous bat !
Ah ! quel cruel état !

Ah ! mon enfant, on paie bien cher un moment de satisfaction : tu te formes de belles idées du mariage, & c'est si peu de chose ! Tu seras bien punie de ta curiosité.

COLETTE.

Si mon oncle consent que j'épouse Cléon, je suis sûre de ne point m'en repentir.

ARIETTE.

Non, non, jamais un tel époux
Ne peut me rendre malheureuse;
Son humeur aimable & joyeuse
Me promet le sort le plus doux.
Non, non, jamais un tel époux
Ne peut me rendre malheureuse.
Il est si bon, si complaisant !
Le mariage assurément
Avec lui doit être charmant.
Ai-je tort d'être curieuse ?
Non, non, jamais un tel amant
Ne peut me rendre malheureuse.

MATHURINE.

Ne t'y fie pas. Tu sçais qu'il est accoutumé à jouer la Comédie, & peut-on compter sur lui après les folies qu'il a faites ?

COLETTE.

Mais quelles folies, s'il vous plaît ?

MATHURINE.

Comment ! Son pere le place à Paris chez un honnête Procureur pour apprendre à devenir bien riche, & Cléon, au-lieu de répondre à ses bonnes intentions, s'en va un beau matin avec une troupe de libertins comme lui, de baladins, de Comédiens, que sçais-je, moi ?

COLETTE.

Mais, ma tante, il n'y a pas grand mal à cela. Au Château tous les jours ces gros Messieurs & ces belles Dames jouent aussi la Comédie, & puis c'est une idée de jeunesse dont Cléon est bien revenu. Vous voyez qu'il y renonce pour toujours.

MATHURINE.

Oui ; effectivement, il me paroît à présent plus sage & plus raisonnable, & la charge de Procureur Fiscal dont il vient de prendre possession après la mort de son pere, va le rendre un personnage grave & important.

COLETTE.

Air. *La preuve que j'vous aime bien.*
Sa tendresse pour moi chaque jour se signale.

MATHURINE.

De bon cœur je voudrois le rendre ton époux.

COLETTE.

Je compte sur vous ;
Hâtez donc un moment si doux.
Quel plaisir de me voir Procureuse Fiscale !
Que n'en suis-je là ?
Je m'en tiens plus droite déjà.

MATHURINE.

Ton oncle ne veut point consentir à cela.

SCENE IV.
MATHURINE, COLETTE, CLÉON.
CLÉON.

Air : *A mon amour cedez, Elvire.*

EH ! bien, que faut-il que j'espere ?
Serai-je enfin amant heureux ?
L'hymen seul peut me satisfaire,
Vous devez ce prix à mes feux.
COLETTE.
J'aimerois à combler vos vœux ;
Mais Mathurin nous est contraire,
Il prétend me donner Lucas :
Que puis-je faire en pareil cas ?
CLÉON.
Mais ne peut-on pas lui faire entendre raison ?

Air : *Fille qui voyage en France.*
Ah ! ma chere Mathurine,
Laissez-vous donc émouvoir.
MATHURINE.
Votre malheur me chagrine :
Mais hélas ! j'ai beau vouloir ;
Suis-je maitresse ?
CLÉON.
Quoi ! donc, n'est-il plus d'espoir
Pour ma tendresse ?

COLETTE.

Ah ! ma tante.

MATHURINE.

Croyez-moi, mes enfans ; il n'y faut plus songer : prenez votre parti.

DUO.

CLÉON.	COLETTE.
Quel malheur extrême ! Je ne peux vivre sans vous.	
De porter un nom si doux Je faisois mon bien suprême.	Je ne veux point d'autre époux.
Quel malheur extrême ! Je ne peux vivre sans vous.	Quel malheur extrême ! Je ne veux point d'autre époux.
Oui, pour jamais je vous aime.	Direz-vous toujours de même ?
Oui, malgré le Sort jaloux, Je ne veux aimer que vous.	Direz-vous toujours de même ? Je ne veux point d'autre époux.

CLÉON.

Mais puisque Mathurin est si peu raisonnable, pourquoi ne pas employer le stratagême que je vous ai proposé ? La troupe de Comédiens se trouve ici fort à propos pour l'exécuter, & rien ne sera plus facile.

MATHURINE.

Je n'ose employer ce moyen ; les suites pourroient en être fâcheuses pour mon mari.

CLÉON.
Ne craignez rien; on ne lui fera aucun mal.

Air : *Ma raison s'en va bon train.*

Il n'aura que la frayeur.
MATHURINE.
Mais s'il va mourir de peur ?
Hélas ! quel chagrin !
J'aime Mathurin :
Quoique souvent j'enrage,
Il est certain moment enfin
Où je m'en dédommage,
Lon la ,
Où je m'en dédommage.
CLÉON.
Rassurez-vous ; je vous le garantis sain & sauf.
COLETTE.
Ce n'est qu'une petite leçon pour le corriger de son yvrognerie, & pour vous venger une bonne fois des coups qu'il vous donne.
MATHURINE.
Cela est vrai.

(On entend Mathurin qui chante d'une voix enrouée.)
CLÉON.
Eh ! bien, que déterminez-vous ? Le voilà qui vient ici ; il paroît des mieux conditionnés. Lucas, je crois, ne l'est

pas moins que lui ; nous le trouverons aisément, & c'est-là le moment le plus favorable pour faire d'eux, tout ce que nous voudrons.

COLETTE.

Ah ! par grace, ma tante.

MATHURINE.

Allons, allons. Je consens de me prêter à tout.

CLÉON.

Allons tout préparer pour notre projet.

SCENE V.
MATHURIN, *yvre.*

ARIETTE. Notée N°. 3.

AH ! que j'ai bû de bon vin !
Vive Lucas, mon voisin !
Il me régale à merveille.
Ah ! que j'ai bû de bon vin !
Ma femme fait le lutin ;
Je veux lui payer bouteille.
Ah ! que j'ai bû de bon vin !
Ma niéce est bonne personne ;

A sa nôce je boirai bien, ...
Car....Cléon est un vaurien.
Oui, morbleu, quand je raisonne....
Jarni.... c'est que j'ai raison....
En vérité, l'on peut m'en croire....
Mais quand le vin est bon,
On n'en peut jamais trop boire.

Je ne sçais comment cela se fait, mais je vas tout de travers; on diroit que je suis gris : ah! cela n'est pas vrai; demandez plutôt. Je n'ai bû que deux pintes à ma part; ce n'est pas trop pour un honnête homme, mais je suis sobre, moi. Asseyons-nous : je veux faire un petit somme, car j'ai une envie de dormir de tous les diables. J'irai après boire chopine avec Lucas; c'est un brave homme que mon compere.... & moi qui suis un honnête homme.... ça fait que l'honneur.... par la raison que c'est fort honnête....

(*Il s'endort.*)

SCENE VI.

CLÉON, *avec plusieurs Paysans.*

CLÉON.

BOn; il s'endort. C'est le moment d'éxécuter notre projet. Emportons-le dans la cave comme je vous ai dit.

(*On emporte Mathurin endormi.*)

Fin du premier Acte.

ACTE II.

Le Théâtre représente la Cave de Mathurin. Il est endormi sur un banc ; & Lucas est de l'autre côté tout de son long.

SCENE PREMIERE.
MATHURINE, COLETTE,
Troupe de Paysans & de Paysannes.

MATHURINE.

Il est mort,
Mon cher Mathurin.

CHŒUR.

Il a tant bû de vin
Qu'il a fini son sort.

B ij

L'YVROGNE CORRIGÉ,

Il est mort,
Il est mort.

(Dès qu'ils voyent que Mathurin est prêt à s'éveiller, ils se retirent tous, & le laissent dans l'obscurité.)

SCENE II.

LUCAS, *endormi*, MATHURIN.
Ils ont chacun un Diable assis à côté d'eux.

MATHURIN.

OH ! parbleu, celui là est bon. J'ai rêvé que j'étois mort. J'en suis encore tout épouvanté. Mais non, me voilà à côté de ma femme, & je me porte au mieux. Eh ! Mathurine, laisse-moi donc un peu de place, recule toi donc ; tu vas me jetter dans la ruelle. Hé ! bien, ma petite femme, tu es donc fâchée contre moi, à cause que j'ai bû un petit coup hier. Ah ! faut me le pardonner ; c'est pour ton intérêt que j'ai bû comme ça.

Air : *Le tout par nature.*

Je vais triste au cabaret,
J'en reviens tout guilleret.
Mathurin après cela

Travaille d'importance.
Tu regagnes bien par-là
Ce que je dépense.

LUCAS, *rêvant*.

Hem ! Colette.

MATHURIN.

Oh ! ben, il est bien tems de parler de ta Niéce.

LUCAS.

Tu ne veux pas m'aim er...

MATHURIN.

Tu as bien tort, ma petite femme.

LUCAS.

A boire....

MATHURIN.

Tu dis toujours la même chose. Eh ! bien, là, je ne boirai plus.

LUCAS.

Bon, bon !

MATHURIN.

Ah ! coquine, je t'aime, tu le sçais bien.

LUCAS.

Pas vrai ?

MATHURIN.

Comment, ça n'est pas vrai !

(*Le Diable approche un flambeau qu'il tenoit caché. Mathurin effrayé de la vue du Diable, tombe à terre, & renverse le banc, en faisant un grand cri.*)

L'YVROGNE CORRIGÉ,

LUCAS, *se réveillant.*

Mais quel diable de tapage ? On ne sçauroit dormir en repos ici. Qui va là ?

MATHURIN, *se levant.*

Qui va là ?

LUCAS.

Ah ! c'est toi, Mathurin.

MATHURIN.

Eh ! oui, c'est moi ; mais où diable sommes nous ? Il fait ici plus noir que dans un four. Il faut, morgué, que nous soyons dans la cave.

LUCAS.

Eh ! bien, tant mieux ; nous n'aurons pas si loin à aller pour boire.

(*Le Diable qui est derriere Lucas, sécoue son flambeau.*)

LUCAS, *tremblant.*

Ah ! Mathurin, qu'est-ce que c'est que cela ?

MATHURIN, *tremblant.*

Eh ! Lucas ? Où es-tu ?

(*Ils se cherchent à tâtons, & passent de l'autre côté du Théâtre où ils trouvent les deux Diables, à qui ils prennent la main en croyant se toucher.*)

OPERA-COMIQUE.
LUCAS & MATHURIN.

Ah! te voilà, mon ami!
(Les deux Diables leur soufflent de la flâme au nez; Mathurin & Lucas épouvantés s'enfuyent au fond du Théâtre; ils y trouvent deux Fantômes.)

LUCAS.
Ahi! ahi! ahi!
MATHURIN.
Ah! je n'en puis plus.

SCENE III.
MATHURIN, LUCAS, LES DEUX FANTOSMES.

PREMIER FANTOSME.

NE craignez rien, nous sommes des Morts, & vous êtes nos camarades.
MATHURIN.
Je suis mort!
LUCAS.
Je suis mort!
PREMIER FANTOSME.
ARIETTE.
Dans les Enfers je suis puni
Pour avoir battu ma femme. *(bis.)*

J'étois un yvrogne infâme.
Pluton me retient ici,
Pour avoir battu ma femme. (bis.)
Je suis puni, je suis puni.

MATHURIN, *à part.*

Yvrogne! battant sa femme! ah! Lucas, voilà ma sentence prononcée.

SECOND FANTOSME.

ARIETTE.

D'une gentille femelle
Je voulois, en dépit d'elle,
Devenir le mari.
J'en suis puni. (bis.)
Cette flâme dévorante
Me tourmente,
Me grille, me brûle,
Circule,
Et pénetre mon cœur;
Ah! quelle ardeur!

LUCAS.

Ah! jarni; c'est fait de moi.

MATHURIN.

Queu chien de pays! Il ne fait pas bon ici pour nous.

LUCAS.

N'y auroit-il pas moyen de se sauver?

SCENE IV.

Ils vont pour s'enfuir ; dans le moment la toile qui cachoit le fond du Théâtre se leve, & ils voyent l'intérieur de l'Enfer, & PLUTON assis sur son trône entouré de Diables & de Furies.

MATHURIN.

Romance : *Mon cœur chargé de sa chaîne.*
Notée à la fin de la Piéce.

AH ! Dieux ? quel sort effroyable !

LUCAS.

L'Enfer s'ouvre sous nos pas.

MATHURIN.

Nous voici tous deux au Diable.

LA FURIE.

Oh ! vous n'échapperez pas.

LUCAS.

Hélas !

MATHURIN.

Hélas !

ENSEMBLE.

Nous voici tous deux au Diable.

LA FURIE.

Oh ! vous n'échapperez pas.

(PLUTON *s'avance au milieu du Théâtre.*)

Récitatif.

Pour punir ces deux misérables,
L'Enfer n'a point de châtimens,
Ni de tourmens
Assez grands.
Je sçais de quels forfaits tous deux ils sont coupables.
Je veux bien cependant adoucir le supplice,
Qu'en bonne justice
A Mathurin & à Lucas.
Vous méritez tous deux.
Oui, je veux vous traiter en Diable généreux.
Vous n'aurez que la bastonnade.
Par les mains de son camarade,
Que chacun d'eux soir & matin
Reçoive autant de coups de gourdin
Qu'il a bû de verres de vin.

MATHURIN, *à part.*

Qu'il a bû de verres de vin !

LUCAS.

Quelle grêle de coups !

PLUTON.

Démons soumis à mes loix, faites exécuter la sentence.

(*Deux Furies présentent un bâton à Lucas & à Mathurin.*)

MATHURIN, *regardant Lucas.*

Lucas !

LUCAS.

Mathurin !

OPERA-COMIQUE.

MATHURIN.

Voilà une vilaine commission.

LUCAS, *soupirant.*

Ah !

MATHURIN.

Mon cher Lucas !

LUCAS.

Mon cher Mathurin !

MATHURIN.

Je t'en prie, ménage-moi.

LUCAS.

Tu sçais bien que nous sommes amis.

MATHURIN.

Ne t'embarrasse pas.

LES FURIES.

Hé ! bien, aurez-vous bien-tôt fait ?

(Ils vont pour se frapper.)

UN DIABLE, à *Pluton.*

Seigneur, deux femmes désolées demandent à se jetter aux pieds de Votre Grandeur

PLUTON.

Qu'on les fasse entrer.

SCENE V. & derniere.

Les Acteurs précédens, MATHURINE, COLETTE.

MATHURIN.

AH! c'est ma femme.

LUCAS.

Que vois-je! Mathurine & Colette!

MATHURINE.

Air : *Pour fléchir une Nonne auſtere.*
Noté à la fin de la Piéce.

O puiſſant Dieu que l'on révere
J'implore ici ton ſecours ;
C'eſt toi qui de mes jours
Vas décider pour toujours.
Sois favorable à ma priere ;
Je pleure un Epoux chéri,
Le Deſtin m'a ravi
   Mon mari.
Rends Mathurin à la lumiere.
Son ſort eſt en ton pouvoir ;
Mes pleurs, mon déſeſpoir
Ne pourront-ils t'émouvoir ?
   Ah ! mon époux

Faisoit mon bien le plus doux.
Vois Mathurine à tes genoux.
Prends pitié d'une pauvre veuve
Dans les chagrins, les ennuis,
Tous les jours je languis;
C'est bien pis toutes les nuits.
Ah! Dieux! quelle cruelle épreuve!
Ma vertu compte sur toi,
Ou dans peu c'est, ma foi,
 Fait de moi.

MATHURIN.

Air : *J'ai perdu mon âne.*

Ah! ma chere femme,
Si l'on me rend à ta flâme,
Je vivrai pour toi.

LUCAS.

Hélas! Mathurine,
Ma chere voisine,
Parlez donc pour moi.

COLETTE.

J'en serois bien fâchée. Point de grace pour toi; il faut que tu restes dans les cachots de l'Enfer.

LUCAS.

Ma chere Colette, moi qui vous aimois tant!

L'YVROGNE CORRIGÉ,

PLUTON.

Point de réplique ; qu'on l'emmene au lieu qui lui est destiné.

(Les Diables emmenent Lucas au fond du Théatre, du côté qui représente une Caverne.)

TRIO.

MATHURINE.

Rendez mon Epoux à la vie,
Laissez fléchir votre rigueur.

COLETTE.

C'est Colette qui vous en prie.

MATHURIN.

Ah! Monseigneur! ah! Monseigneur,
Ah! Monseigneur, je vous en prie.

MATHURINE & COLETTE.

C'est sa femme } qui vous en prie.
C'est Colette }

MATHURINE.

Voyez mon malheur.

COLETTE.

Voyez ma douleur.

MATHURINE.

Soyez sensible à ma tendresse.

COLETTE.

Prenez pitié de ma tristesse.

ENSEMBLE.

Faites mon bonheur.

OPERA-COMIQUE.

MATHURIN.

Ah! ma femme! ah! ma niéce!
Ah! Monseigneur!

TOUS.

Rendez Mathurin à la vie.

MATHURINE & COLETTE.

C'est sa femme } qui vous en prie.
C'est Colette

TOUS.

Ah! Monseigneur! (bis.)

PLUTON.

Que voulez-vous faire encore d'un yvrogne?

MATHURIN.

Je ne le serai plus.

PLUTON.

Qui vous battoit...!

MATHURIN.

Cela ne m'arrivera plus.

PLUTON.

Allons, demande pardon à ta femme.

MATHURIN.

Oui, ma chere femme, je te demande pardon; je te promets de réparer tous les chagrins que je t'ai donnés. Mais c'est ce maudit Lucas qui me débauchoit,

MATHURINE.

Tu voulois pourtant lui donner ta niéce.

MATHURIN.

Oh! là-dessus, comme en tout; je ferai ta volonté.

PLUTON.

Eh! bien, sa volonté & la mienne est que tu la donnes à Cléon.

MATHURIN.

Volontiers. (*A part.*) Dès que le Diable s'en mêle, il faut bien que cela soit.

PLUTON.

Ce n'est pas assez de ta promesse, il faut que tu signes ici leur contrat.

Air: *Pour la baronne.*

Que le Notaire
Vienne à l'instant serrer leurs nœuds.

MATHURIN.

Un Notaire! & comment donc faire?

PLUTON.

Allez, nous avons en ces lieux
Plus d'un Notaire.

(*Un Diable travesti en Notaire fait signer le contrat à Mathurin. Lorsqu'il s'en va, Pluton le rappelle & lui dit:*)

Vous oubliez de faire signer Cléon.

MATHURIN.

OPERA-COMIQUE.

MATHURIN.

Où est-il donc ?

CLÉON, *se démasquant.*

Le voici.

(Tous les Paysans qui s'étoient travestis en Diables & en Furies, quittent leurs masques.)

MATHURIN.

O Dieux !

COLETTE, *à Mathurin.*

Air : *Quand le péril est agréable.*

De vos tourmens je suis confuse.

MATHURINE.

Hélas ! pardonnez-nous ce tour.

CLÉON.

On doit faire grace à l'Amour ;
Montrant Colette.
Et voilà mon excuse.

MATHURIN.

J'ai eu diablement peur. Mais palsanguenne, je suis bien heureux d'en être quitte pour ça.

LUCAS *s'échappant des mains des Diables qui le retenoient.*

Je ne suis donc pas mort tout de bon ! Ah ! parbleu, vive la joie. Je vais bien m'en donner.

A boire, à boire, à boire.   *(Il sort.)*

MATHURIN.

Oui, c'est bien dit ; qu'on apporte le vin de la nôce.

C

MATHURINE, *le fixant.*

Hem!

MATHURIN.

Ah! je n'y pensois pas. Tu as raison, ma petite femme; mais, va, ne crains rien. Hé! bien, tu vois: c'est Lucas qui m'entraine toujours; mais voilà qui est fini, je ne le verrai plus, & je renonce au vin pour toujours.

QUATUOR.

Que de plaisirs l'Amour nous donne!
Il couronne
Nos vœux les plus doux.
Rions, chantons, faisons les foux.

CLÉON.

Tout mon bonheur, est de plaire.

COLETTE.

Tu connois mon ardeur sincere;
Je jure de t'aimer sans fin.

MATHURINE.

Je sens renaître ma tendresse.

MATHURIN.

L'amour sera ma seule yvresse;
Pour jamais je renonce au vin.

TOUS.

Je jure de t'aimer sans fin.
Que de plaisirs l'Amour nous donne!
Il couronne
Nos vœux les plus doux.
Rions, chantons, faisons les foux.

(*Les Paysans & les amis de Cléon forment un Divertissement qui finit la Piéce.*)

VAUDEVILLE.

Premier Couplet.

Un A-mant dans ses beaux dis-cours Jure de nous ai-mer tou-jours. Il plaît; on croit son feu du-ra-ble. Mais aussi-tôt qu'il est con-tent, Zeste, il fuit; a-dieu le serment: C'est bien le Dia-ble; C'est bien le

CHŒUR.

Dia-ble. C'est bien le Dia-ble.

I I.

Par le gain un Joueur séduit,
Dans un brelan passe la nuit ;
L'argent le rend insatiable :
Il pousse la fortune à bout,
Mais la chance tourne, il perd tout ;
  C'est bien le Diable.

I I I.

Lise est jeune, elle a des appas,
Mille galants suivent ses pas,
Chacun l'aime, elle est adorable :
Mais l'âge augmente chaque jour,
La beauté passe, plus d'amour ;
  C'est bien le Diable.

I V.

Tant que je suis au cabaret,
Le bon vin me rend guilleret,
Je goûte un plaisir délectable ;
Mais il faut payer quand on sort,
Car aujourd'hui crédit est mort ;
  C'est bien le Diable.

V.

Tout âge aime à se réjouir,
Mais il n'est qu'un tems pour jouir ;
Cet âge, hélas ! est peu durable,
Profitons-en pour le plaisir ;
Les vieux n'ont plus que le désir ;
  C'est bien le Diable.

VI.

Un beau matin secrettement
Lucette épouse son Amant;
Leur bonheur est incomparable:
Mais peut-il se cacher long-temps?
L'hymen a certains accidents,
   C'est bien le Diable.

VII.

La sotte chose qu'un procès!
On n'est jamais sûr du succès;
Ce qu'il en coûte est incroyable:
Bien de l'argent, beaucoup de soins,
Et souvent on n'en perd pas moins;
   C'est bien le Diable.

VIII.

AU PUBLIC.

A travailler pour vos plaisirs
Nous consacrons tous nos loisirs;
Est-il emploi plus agréable?
Mais si, malgré notre desir
Nous manquons de vous divertir;
   C'est bien le Diable.

L'YVROGNE CORRIGÉ,

COLETTE.

SA tendresse pour moi chaque jour se si-

MATHURINE.

gna- le. De bon cœur je vou- drois le ren-

COLETTE.

dre ton é- poux. Je compte sur vous ; Hâ-

tez donc un moment si doux. Quel plaisir de me

voir Procu- reuse Fif- ca- le! Que n'en suis-je

MATHURINE.

là ? Je m'en tiens plus droite dé- jà ? Ton oncle

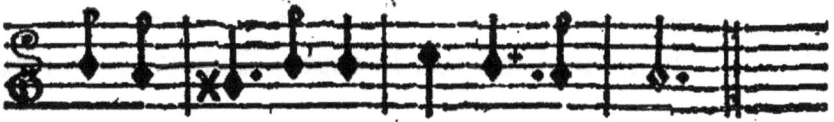

ne veut point consen- tir à ce- la.

Lû & approuvé ce 14 Septembre 1759. CRÉBILLON.
Vû l'Approbation, permis d'imprimer à la charge d'enregistrement à la Chambre Syndicale, ce 15 Sept. 1759.
BERTIN.

Le Privilége & l'Enregistrement se trouvent au nouveau Théâtre de la Foire.

LE SOLDAT MAGICIEN,

OPERA-COMIQUE EN UN ACTE;

Représenté pour la premiere fois sur le Théâtre de l'Opera-Comique de la Foire S. Laurent, le 14 Août 1760.

Le prix est de 24 sols avec la Musique.

A PARIS,
Chez DUCHESNE, Libraire, rue S. Jacques, au-dessous de la Fontaine S. Benoît, au Temple du Goût.

M. DCC. LX.
Avec Approbation & Privilége du Roi.

ACTEURS

MR. ARGANT, *Bourgeois*, M. La Ruette.

Mme. ARGANT, *sa Femme*, Mlle. Deschamps.

CRISPIN, *Valet de M. Argant*, Mlle. Luzy.

M. BLONDINEAU, *Procureur*, M. Clairval.

UN SOLDAT. M. Paran.

UN TRAITEUR, M. Demignaux.

La Scene est dans une Ville de Province.

LE SOLDAT MAGICIEN,

OPERA-COMIQUE.

Le Théâtre repréſente un Sallon dans lequel il y a une cheminée en ſaillie, un buffet à deux battans, une table couverte d'un tapis verd, ſur laquelle on joue au Trictrac.

SCENE PREMIERE.

Monſieur & Madame ARGANT, *jouent enſemble au Trictrac.*

Mr. ARGANT.

JE n'y vois déjà plus clair, mettons-nous ici, nous ſerons mieux.

LE SOLDAT MAGICIEN,

DUO.

Me. Arg. Quatre & cinq.
Mr. Arg.   Non.
Cinq & quatre.... Bon.
A l'école,
Cela me console,
Car je perdois le trou.
Me. Arg Ah ! le vieux fou !
Mr. Arg. Six, quatre....
Me. Arg.   Elle est pour moi ;
Mr. Arg. Tais toi.
Me. Arg. Quatre & six
Font dix.
Cinq & six....
Mr. Arg. A bas du bois.
Me. Arg. Que veux-tu dire ?
Mr. Arg. Ton coin bourgeois....
Me. Arg. Ah ! quel martyre !
Mr. Arg. Tu cases mal.
Me. Arg. Oh ! le brutal !
Mr. Arg.   Double deux.
Quel coup heureux !
Je marque & je m'en vas
Me. ARGANT, *se levant.*
Ah ! je respire.
Mr. Arg. Quoi ? Tu t'en vas ?
Me. Arg. Ne dis-tu pas
Que tu t'en vas ?
Mr. Arg. Allons, recommençons.
Me. Arg. Ton maudit jeu m'ennuye.
Mr. Arg. Jamais tu n'étudie.

OPERA-COMIQUE.

Madame ARGANT, *vivement.*	Mr. ARGANT, *voulant l'interrompre.*
Jeu détestable,	
Abominable,	
Oui, c'est le Diable	
Qui t'inventa,	
Et qui dicta	Mais, mais...
Les mots barbares,	
Les mots bisarres	
De Doublets,	
De Bezets,	C'est un Diable.
De Baudets,	
Marjolets;	
Ternes, Quarnes, Fichets;	
Sonnèz, Quinnes, Cornets;	Morbleu...
Enfilade, Ambezas,	
Coins, Pleins & Toutabas.	
Ton École	
Me désole;	Morbleu...
Ta Bredouile,	
M'embrouille;	
Jan qui ne peut m'assomme,	
Comme	
Jan de rencontre & de trois coups.,	C'est le Diable.
Et je me perds dans les trous.	
Va t'en au Diable,	
Jeu détestable.	
Adieu, adieu.	Adieu, adieu.
	(*Madame Argant sort.*)

A iij

SCENE II.

Mr. ARGANT, *seul*.

OUI, va-t-en, & fuis-moi pour jamais, méchant Lutin.

Air: *Margot sur la brune.*

Quelle pétulance !
O Ciel ! quelle arrogance !
Quelle pétulance !
Ma foi, j'en perds l'esprit.
Hélas, que faire !
Cette megère,
Dans sa colere,
Fait tant de bruit,
Qu'à me taire elle me reduit.

Air: *Je sens le souper qui m'attend.*

Cependant, écoutez Madame,
C'est moi qui mérite le blâme ;
Elle est douce comme un mouton.
Quelle douceur !... ah ! j'en enrage :
Un tel mouton dans un ménage
Est cent fois pire qu'un Dragon.

ARIETTE.

O femmes traîtresses,
Vos fausses caresses,

Vos belles paroles,
Trompeuses, frivoles,
Sont comme un trébuchet
Où les plus avisés se trouvent pris tout net.
Un doux sourire,
Nous flate, nous attire ;
Une mine
Enfantine,
Nous lutine ;
Discours poli,
Tendre langage,
Sont mis en usage ;
„ Mon cher cœur, mon ami,
„ Petit fils, petit Roi,
„ Regardez-moi !
„ Eh ! quoi ?
„ Vous faites le cruel ;
C'est tout sucre & tout miel.
O femmes traîtresses, &c.

Ne soyons point assez foibles pour plier. La rigueur morbleu, la rigueur est le frein qu'il faut opposer aux caprices du sexe.... Voilà qui est fini, je vais dorénavant m'arranger de façon.... (*Il appelle.*) Crispin....

CRISPIN, *sans être vû.*

Monsieur.

M. ARGANT, *à part.*

Voyons à passer quelque part une soirée moins désagréable.

A iv

SCENE III.

M. ARGANT, CRISPIN.

M. ARGANT.

DOnne-moi ma canne & mon chapeau.

CRISPIN.

Est-ce que vous allez sortir ?

M. ARGANT.

Ma canne & mon chapeau, te dis-je.
(Crispin fort.)

M. ARGANT, *continuant de parler.*

Il n'y a pas moyen d'y tenir. *(Crispin apporte ce qu'il demande.)* Fort bien. Écoute. Où est ma femme ?

CRISPIN.

Madame ? Je la croyois avec vous.

M. ARGANT.

Avec moi ? Elle y est le moins qu'elle peut : Je suis un Diable à ses yeux.

OPERA-COMIQUE.

CRISPIN.

Hin ! hin ! vous le faites assez pour que cela soit.

M. ARGANT.

Que veux tu dire.

CRISPIN.

Air : A pied comme à cheval.

Votre Epouse entre nous
Mérite un sort plus doux ;
Vous lui montrez, Monsieur,
Trop de rigueur.
Vous combattez tous ses desirs,
Vous lui rognez tous ses plaisirs,
Toujours grondant matin & soir,
Veut elle blanc, vous voulez noir,
La pauvre femme fait peine à voir.
Mais craignez son désespoir.

M. ARGANT.

Qu'entends-tu par-là ?

CRISPIN.

Tenez, Monsieur.

ARIETTE, Notée, n°. 1.

Femme qu'on offense,
Songe à la vengeance ;

Femme qu'on offense
Se venge à la fin.
L'Epoux le plus fin
Veut lutter en vain
Contre son maudit Destin.
Par sa défiance
Des malheurs qu'il craint tant,
Il presse le moment.
  Galans,
  Séduisans,
Lui content fleurette;
 La Poulette
D'abord les rejette,
Puis elle y prend goût ;
Elle plante là son hibou,
Et s'en va chanter cocodette,
Tandis qu'il fait seul le coucou.

M. ARGANT.

Effectivement je trouve que tu as raison, &....

CRISPIN.

Vous vous fiez sur sa vertu....

M. ARGANT.

Non, par la sambleu, je ne m'y fie pas.

CRISPIN.

C'est ce qui fait...

M. ARGANT.

C'eſt ce qui fait que j'aurai plus que jamais l'œil ſur ſa conduite. Ecoute, Criſpin....

CRISPIN.

Monſieur.

M. ARGANT.

J'ai toujours eu de la confiance en toi.

CRISPIN.

Monſieur....

M. ARGANT.

Il faut que tu me donnes en cette occaſion des preuves de ton zèle.

CRISPIN.

Monſieur....

M. ARGANT.

Je ſçaurai t'en récompenſer.

CRISPIN.

Monſieur....

M. ARGANT.

Obſerve toutes les démarches de ma femme, & rends-moi un compte exact de

LE SOLDAT MAGICIEN,

tout ce qui se passe ici ; je sors, songe à ce que je t'ai dit, & surtout que ma femme n'en sçache rien.

CRISPIN, *l'arrêtant.*

Avec votre permission, s'il vous plaît ; une femme à garder, & puis encore un secret : c'est bien de l'ouvrage au moins.

M. ARGANT.

Hé, bien ?

CRISPIN.

Je ne réponds pas de pouvoir y suffire.

M. ARGANT.

D'où vient ?

CRISPIN.

Il me prendra des démangeaisons de parler.

M. ARGANT.

Tiens.... voilà pour les faire passer.
(*Il lui donne une bourse.*)

Air : *Du Gourdin*, Noté, n°. 2.

Je puis donc compter sur toi ?

CRISPIN.

Vous pouvez compter sur moi.

OPERA-COMIQUE.

Je serai pis qu'un Cerbere ;
Quand je me mets en colere ;
La Duegne la plus sévere
Aux galans sçait moins faire la guerre :
A bons coups de gourdin,
Vous verrez Crispin
Les mener grand train.　　　　(bis.)

M. ARGANT.

Cela suffit. Adieu..... Motus.

SCENE IV.
CRISPIN, *seul*.

Bon, le voilà parti.
(Il renverse la bourse dans son chapeau.)

ARIETTE.

Quel Démon favorable
L'a rendu si traitable ?
　　　　(Il compte son argent.)
Un, deux, trois, quatre, cinq & six,
Sept, huit, neuf & dix.
Ah ! l'honnête homme !
La belle somme !
Moi, je n'entends raison

LE SOLDAT MAGICIEN,

Que de cette façon.
>(*Il compte encore.*)

Un, deux, trois, quatre, cinq.... Ah ! l'honnête homme !
Cinq, six, sept, huit & neuf.... Il en sera tombé,
Ou je me suis trompé.
Comptons encor toute la somme.
Un, deux, trois, quatre, cinq & six,
Sept, huit, neuf & dix.
Le compte est juste ; ah l'honnête homme !
La belle somme !
Moi, je n'entends raison
Que de cette façon.

Mais ne me suis je point trop engagé ? Au reste, il en arrivera ce qui pourra, & pourvu que j'y trouve mon compte.... Mais j'entends du bruit.... Oh ! oh ! que nous veut cet Alguasil ?

SCENE V.
UN SOLDAT, CRISPIN.

LE SOLDAT.

Bon jour, l'ami; serviteur.

CRISPIN.

Que demandez-vous?

LE SOLDAT.

M. Argant.

CRISPIN.

Il est sorti.

LE SOLDAT.

N'importe.

CRISPIN.

J'ai ordre de ne laisser entrer personne.

LE SOLDAT.

Et moi, j'ai ordre de coucher ici.

CRISPIN.

Coucher ici!

LE SOLDAT MAGICIEN,

LE SOLDAT.

Oui, & voilà mon billet.

CRISPIN.

Un instant donc, je vais avertir Madame.

LE SOLDAT, *l'arrêtant.*

Est-elle jolie, Madame ?

CRISPIN.

Qu'est ce que cela vous fait ?

LE SOLDAT.

Et la soubrette est-elle cruelle ? tu sçais cela, toi ? hein ? Allons, touche-là, je veux que nous fassions connoissance.

CRISPIN.

Volontiers, vous me paroissez un bon vivant.

LE SOLDAT.

Tu m'as l'air aussi d'un bon enfant.

CRISPIN.

Oh ! moi, je ne cherche qu'à faire plaisir à tout le monde.

LE

LE SOLDAT.

C'est bien fait.

CRISPIN.

Et surtout aux gens de guerre, car je les aime.

LE SOLDAT.

C'est preuve de ton bon goût.

CRISPIN.

Oh oui, il n'y a personne qui les aime, & qui les plaigne plus que moi.

LE SOLDAT.

Les plaindre ! pourquoi donc ?

CRISPIN.

Ma foi, c'est qu'ils ont bien du mal.

LE SOLDAT.

Va, va, le plaisir passe la peine.

ARIETTE.

Pour un Soldat
Qui veut avec éclat,
Signaler son courage ;

Le tapage,
Le carnage,
Ont des appas.
Tranquille au milieu des combats,
Malgré la bombe
Qui tombe,
Et se brise en éclats;
Les grenades,
Petarades,
Carabines,
Coulevrines,
Bayonnettes,
Escopettes,
Hallebarde & mousqueton,
Rien ne l'inquiette;
Comme au son d'une musette,
Il danse au bruit du canon
Patapon, pon.

SCENE VI.

LE SOLDAT, CRISPIN, Me. ARGANT.

Me. ARGANT.

Que fait ici ce soldat?

CRISPIN.

Il vient loger.

Me. ARGANT.

Où donc est mon mari ?

CRISPIN.

Il est sorti.

Me. ARGANT.

Mais je ne reçois personne en son absence.

LE SOLDAT.

Ne craignez rien Madame, vous n'aurez pas lieu de vous plaindre de moi.

Me. ARGANT.

Je le crois.

LE SOLDAT.

Ce n'est que pour une nuit, nous ne faisons pas séjour en cette ville.

Me. ARGANT.

En ce cas là, Crispin, mene-le dans la chambre ici-dessus.

LE SOLDAT, *à Crispin*.

Dis moi donc, y a-t-il loin de-là à la cuisine ?

CRISPIN.

Pourquoi ?

LE SOLDAT.

C'est que nous y aurions fait une pause.

CRISPIN

Ah ma foi, mon ami, je suis bien fâché; mais il n'y a rien.

LE SOLDAT.

Je puis donc m'aller coucher quand je voudrai, je ne mourrai pas d'indigestion.

(*Ils sortent*).

SCENE VII.

Me. ARGANT *seule*.

Mon mari est sorti, quel bonheur ! en voilà sans doute pour jusqu'à trois heures du matin. Ah ! tant mieux, sa présence n'est pas assez agréable pour se faire désirer.... Voilà donc à quoi se réduit le mariage ; & le prix qui nous revient du sacrifice de notre liberté !

OPERA-COMIQUE.

ARIETTE.

Tous les vœux d'une fillette
Ont l'hymen pour premier objet,
Ardemment elle souhaite
Les plaisirs qu'elle s'y promet,
La pauvrette, la pauvrette,
Ne sçait gueres ce qu'elle fait.
Elle en rêve, s'inquiette,
De ses discours c'est le sujet.
La pauvrette, ah ! la pauvrette
Ne sçait gueres ce qu'elle fait.
Du jour du mariage
Commence son tourment,
Dans l'Epoux qui l'engage
Elle trouve un tyran.
Un jaloux surveillant,
Qui sans cesse l'obséde,
La contredit, l'excéde ;
Elle s'en plaint en vain :
A son triste destin,
Il n'est plus de reméde.
Tous les vœux d'une fillette
Ont l'Hymen pour premier objet,
La pauvrette, ah ! la pauvrette
Ne sçait pas ce qu'elle fait.

SCENE VIII.
Me. ARGANT, CRISPIN.

Me. ARGANT.
Qu'as-tu fait de ce Soldat?

CRISPIN.
Je l'ai niché là-haut, dans le galetas.

Me. ARGANT.
Mr. Argant viendra-t-il souper?

CRISPIN.
Je n'en sçais rien.

Me. ARGANT.
T'a-t-il dit où il alloit?

CRISPIN.
Non.

Me. ARGANT.
T'a-t-il parlé de moi?

CRISPIN.
Oui.

Me. ARGANT.

Que t'a-t-il dit ?

CRISPIN.

Il m'a dit..... il m'a dit, ce qu'il a voulu.

Me. ARGANT.

Paroît-il se repentir de la façon dont il me traite.

CRISPIN.

J'ai voulu lui parler là-dessus, mais il m'a prouvé si clairement qu'il avoit raison, que je n'ai pu m'empêcher d'en convenir.

Me. ARGANT.

Qu'est-ce à dire ?

CRISPIN.

Oui, & en conséquence, nous avons pris certains arrangemens.

Me. ARGANT.

Tu te moques, je pense.

CRISPIN.

Non vraiment, il m'a donné ordre de

lui rendre compte de toutes vos démarches.

Me. ARGANT.

Mais tu n'en feras rien.

CRISPIN.

Ne craignez rien.

Air : *Sur le Pont d'Avignon.*

J'ai flaté ses desirs, mais d'un zele sincere,
Vous me verrez toujours attentif à vous plaire.

Je crois appercevoir cet honnête Procureur de votre connoissance.

Me. ARGANT.

Mr. Blondineau, c'est lui-même : il m'a demandé permission de venir ici, pour me faire part de quelques affaires.

CRISPIN.

De quelques affaires..... Fort bien ; fort bien.

SCENE IX.

BLONDINEAU, Me. ARGANT, CRISPIN.

BLONDINEAU.

Madame, je viens remplir les clauses obligatoires de notre derniere entrevûe..... Vous ne vous inscrirez pas en faux contre mon zele.

Me. ARGANT.

Vous êtes de parole, Mr. Blondineau.

CRISPIN.

Cela n'est pas peu de chose, pour un Procureur.

Me. ARGANT.

Hé bien, Monsieur, qu'avez-vous à me dire ?

BLONDINEAU.

Les points de fait que j'ai à vous communiquer, demanderoient..... Ne pourrais-je vous entretenir clandestinement ?

CRISPIN.

Clandestinement ! Qu'est-ce à dire ?

Me. ARGANT.

Vous pouvez parler librement, Monsieur.

CRISPIN.

Oui, j'ai l'honneur d'être le confident de Madame.

BLONDINEAU.

Vous sçavez le vif intérêt que je prends à ce qui vous regarde.

Me. ARGANT.

Je vous remercie.

BLONDINEAU.

Je vois avec douleur l'état malheureux où vous réduit votre mari..... Pardonnez......

Me. ARGANT.

Ah ! Monsieur.....

BLONDINEAU.

Votre situation me touche à un point....

OPERA-COMIQUE.

CRISPIN.

Un Procureur compatissant !

BLONDINEAU.

Je crains de devenir indiscret.

Me. ARGANT.

Ah ! Monsieur, c'est pis que jamais.

ARIETTE.

Non, je ne puis vous dire
L'excès de mon martire.
Je passe les jours à languir,
Et les nuits à gémir.
Un rien excite sa colere
C'est chaque jour nouveaux tracas ;
Quand je lui parle, il me fait taire ;
Quand je me tais, autres débats.
Il est jaloux, il est avare,
Hargneux, fâcheux, brutal, bisarre ;
Enfin en lui sont réunis
Les défauts de tous les maris.
Non, je ne puis vous dire, &c.

BLONDINEAU.

Que vous méritez peu de si injustes traitemens ! ah ! Madame.... il me reste enfin à vous expliquer..... Mais le tems.....

Me. ARGANT.

Avez vous quelques affaires qui vous preſſent, ſoupez ici.

CRISPIN, *la tirant par la robe.*

Avec quoi s'il vous plaît ?

Me. ARGANT.

Vois, trouve nous quelque choſe.

CRISPIN.

Attendez, je vais chez un traiteur de mes amis.

Me. ARGANT.

Oui.

BLONDINEAU, *donnant ſecrettement de l'argent à Criſpin.*

Tiens, fais les choſes comme il faut, & ne t'inquiette pas.

Me. ARGANT.

Que faites-vous donc là ?

BLONDINEAU.

Rien, Madame, rien.

(Criſpin ſort.)

SCENE X.
BLONDINEAU, Me. ARGANT.
BLONDINEAU.

En vérité, Madame, plus je réfléchis sur la nature de votre engagement, plus je vois qu'il est des moyens de vous affranchir du joug.

Me. ARGANT.

Comment cela ?

BLONDINEAU.

Les Loix vous en offrent deux. Le premier seroit une belle & bonne séparation de corps & de biens...

Me. ARGANT.

Une séparation ! quel expédient me proposez-vous là ?

BLONDINEAU.

Vous avez raison, cela ne suffiroit pas, & malgré les torts de votre mari vis-à-vis de vous.

Air : *Des petits ba!lets.*

En vous séparant d'avec lui,
Vous n'en auriez que plus d'ennui :
En vous séparant d'avec lui,
En seroit-il moins votre mari ?
Un époux a des droits sur sa femme ;
Il faudroit, pour éviter le blâme,
D'un himen affreux
Supporter les nœuds,
Et malgré vos desirs
Renoncer aux plaisirs.
En vous séparant d'avec lui, &c.

Me. ARGANT.

Vous déraisonnez, M. Blondineau.

BLONDINEAU.

Non, Madame, non. Il vaut donc mieux aller au fait tout d'un coup, attaquer le mal dans sa source, & quand même l'affaire souffriroit quelques difficultés, je ne suis pas Procureur pour rien, je les leverai moi, je les leverai, je vous en réponds.

Me. ARGANT.

Eh ! quel est votre but ?

BLONDINEAU.

De vous faire contracter un mariage mieux assorti.

ARIETTE, Notée n°. 4.

L'Himen est à craindre,
Un cœur est à plaindre
De sentir ses coups ;
De sa fausse yvresse,
Des traits dont il blesse,
On est peu jaloux :
Mais de ses nœuds charmans & doux
Que la chaîne seroit légere
Pour un cœur tendre & sincere,
Qui la porteroit avec vous !

Laissez seulement agir mon zele.

Me. ARGANT.

Vous le poussez trop loin.

BLONDINEAU.

Ah ! si vous connoissiez celui pour qui je vous fais instance, peut-être changeriez-vous de sentiment.

Me. ARGANT.

Songez donc à l'éclat que cela feroit dans le monde, je me verrois timpanisée.

BLONDINEAU.

Si toutes les femmes penſoient comme vous, les pauvres Procureurs mourroient de faim. Je n'ai cependant pas l'ame intéreſſée; non Madame, je ne vous demande pour toute reconnoiſſance qu'une petite place dans votre cœur.

Me. ARGANT.

Cela eſt trop galant.

BLONDINEAU.

ARIETTE.

Sur ma requête à votre tour;
Daignez faire droit en ce jour:
Pour vous je meurs, je meurs d'amour;
 Mon ſecret
 M'échappe à regret;
 Mais, Madame,
L'amour dont mon ame
 Suit la loi
Eſt plus fort que moi.
Secondez l'eſpoir qui m'anime,
De mes feux ſans me faire un crime;
Dites, pour m'en donner le prix,
Soit fait ainſi qu'il eſt requis.

Me. ARGANT.

Et moi, je dis néant.

BLONDINEAU.

BLONDINEAU.

Mal jugé, j'en appelle.

Me. ARGANT.

A quel tribunal ?

BLONDINEAU.

A mon amour.

Me. ARGANT.

Allez, votre amour est fou ; je l'interdis.

BLONDINEAU *lui prenant la main.*

Il s'en relevera.

Me. ARGANT.

Modérez-vous donc.

BLONDINEAU.

Cette main est ma prisonniere.

Me. ARGANT.

Lâchez-moi, si quelqu'un venoit....

BLONDINEAU.

Que me donnerez-vous pour son élargissement ?

C

LE SOLDAT MAGICIEN;

Me. ARGANT.

Ahi, vous m'impatientez.

BLONDINEAU.

Un petit baiser.

Me. ARGANT.

Ah quel extravagant !

BLONDINEAU.

Là.... par provision, en attendant jugement définitif.

DUO, parodié.

Me. ARGANT	BLONDINEAU.
Ah ! finissez de grace,	Pardonnez mon audace.
Mais, mais, Monsieur, ah !	Que craignez vous,
finissez de grace.	Recevez mon hommage ;
	Vengez-vous d'un jaloux,
	Il n'est rien de si doux.
Qui moi ?	Oui vous.
C'est badinage.	Et non, non, non.
	C'est tout de bon.
Hé bien ! tant pis pour vous.	Votre rare beauté
	Fait mon excuse.
Mais, mais en vérité	Je suis de bonne foi,
Monsieur s'amuse.	Rendez mon sort heureux en
	vous donnant à moi.
A vous ?	A moi.
Mais, mais en vérité	De votre liberté
Etes vous sage.	Faites usage.
Et non, non, non.	J'ai toute ma raison.
Songez-vous	
Qu'un Epoux	
Toujours m'engage ?	Il vous outrage.
Ah ! c'est l'usage.	

Me. ARGANT.

Taisez-vous, j'apperçois Crispin ; je serois fâché qu'il fût témoin de vos folies.

SCENE XI.

BLONDINEAU, Me. ARGANT, CRISPIN, *un Traiteur & son Garçon.*

CRISPIN.

Voila le souper prêt, quand vous voudrez on servira.

Me. ARGANT.

Quand tu voudras toi-même.

CRISPIN *aux Traiteurs.*

En ce cas-là, tout à l'heure. Allons vivans, approchés cette table, & aidez-moi.

Me. ARGANT.

Qu'est-ce que tu nous a commandé ?

CRISPIN.

Rien, j'ai pris ce que j'ai trouvé.

Me ARGANT.

Il y paroit.

LE TRAITEUR.

Madame, j'espere que vous serez contente.

BLONDINEAU.

C'est bien, c'est bien.

CRISPIN *aux Traiteurs*.

Allons décampés, que je ferme la porte.

SCENE XII.

Me. ARGANT, BLONDINEAU, CRISPIN.

Me. ARGANT.

Air : Ma mie Babichon.

Monsieur sans façon,
Placés vous donc,

BLONDINEAU.

Non
Après vous.

OPERA-COMIQUE.
Me ARGANT.
Non.
BLONDINEAU.
De grace.
Je sçais mon devoir,
Je ne puis m'asseoir
Si vous n'êtes en place.

Me ARGANT *s'asseyant*.

Puisque vous le voulez absolument.

BLONDINEAU, *se mettant à table*.

Air : *Vous qui donnez de l'amour*.

Au plaisir que je ressens
Rien n'est comparable ;
Qu'avec vous à table
Je passe de doux momens !
Ce jour favorable
Charme tous mes sens.

Me. ARGANT.

Quittez ce ton doucereux,

BLONDINEAU.

Cachez moi donc vos beaux yeux,
Ces yeux où je puise tant de feux.
Ah quel plaisir je ressens
Près de vous à table....
(*Mr. Argant frappe en dehors.*)

LE SOLDAT MAGICIEN,

CRISPIN.

Chut, je crois qu'on a frappé!

Me. ARGANT.

Ecoutons.

CRISPIN.

C'est ici, attendez, je vais voir ce que c'est.

Me. ARGANT.

Oh! je m'en doute bien.

BLONDINEAU.

Quel contretems!

TRIO

CRISPIN	BLONDINEAU.	Me. ARGANT.
revenant.		
Ahi, ahi, tout est perdu.	Que dis tu?	Que dis tu?
C'est votre mari.		Mon mari.
	Votre mari! Je suis trahi.	
à Me. Argant.		
Faut-il ouvrir?		Non, non.
	Où fuir? Au Cabinet?	
		S'il vous trouvoit Il vous tueroit.
Il vous tueroit.	Il me tueroit!	
		Il frappe encor Plus fort.
Ah je suis mort!	Ah je suis mort!	

OPERA-COMIQUE.

BLONDINEAU.

Que devenir?

Me. ARGANT.

Crispin.

CRISPIN.

Madame.

Me. ARGANT.

Monsieur.

BLONDINEAU.

Juste Ciel!

CRISPIN.

Attendez.... Chut....

BLONDINEAU.

Hé bien!

CRISPIN.

Il me vient...

Me. ARGANT.

Vîte mon cher...

BLONDINEAU.

Si tu pouvois...

CRISPIN.

Fort bien... m'y voilà. (*à Me. Argant.*) Ouvrez vîte ce buffet.... vous Monsieur, prenez ces plats, ces assiettes....

BLONDINEAU.

Que veux-tu que j'en faſſe?

CRISPIN.

Dépêchons; ſerrez, ſerrez au plutôt.

BLONDINEAU.

Où?

CRISPIN.

Dans ce buffet.

BLONDINEAU.

Et moi?

Me. ARGANT.

Et Monſieur?

CRISPIN.

Vous... dans la cheminée.

BLONDINEAU.

Mais...

CRISPIN.

Mais, ne craignez-vous pas de vous noircir?

Me. ARGANT.

Hé Monſieur!...

OPERA-COMIQUE.

CRISPIN.

Allons, ne faut-il pas pour cela faire une consultation?

BLONDINEAU.

(*Il entre dans la cheminée.*)

Ah! je me réſous à tout.

CRISPIN.

Ne remuez pas.... vous, Madame; prenez ce livre.

Me. ARGANT.

Que lui répondre? Oh le jaloux! que je ſuis malheureuſe!

(*Elle ſe remet ſur une chaiſe auprès de la table, un livre à la main.*)

SCENE XIII.
Mr. ARGANT, Me. ARGANT, CRISPIN.

Mr. ARGANT.

ARIETTE.

Hé bien faquin,
Jusqu'à demain
Voulois-tu me laisser dans la rue
Faire le pié de grüe ?
Voyez s'il me répond ;
Dis donc, bourreau, dis donc ?
Il ne dit mot
Le maître sot.
Et vous, Madame,
Vous trouviez du plaisir
A me faire languir,
Oh ! la bonne ame !
Pourquoi ne pas m'ouvrir ?
Ils gardent le silence !
Oh la maudite engeance !
Jamais
Ni Femmes, ni Valets
Ne vous laissent en paix.

(*A Crispin.*)

Parleras-tu enfin ?

CRISPIN.

C'est que...

Me. ARGANT.

C'est que...

Mr. ARGANT.

C'est que, c'est que...

CRISPIN.

Nous ne vous avions pas entendu.... Je ne trouvois pas la clé.... la précipitation.... pour....

M. ARGANT.

Ta, ta, ta, voilà de belles excuses.

CRISPIN.

D'ailleurs nous étions dans la méditation de certain chapitre.

Mr. ARGANT.

Hein ?

CRISPIN.

Oui... Monsieur, regardez plûtot, nous en étions au *Jan de retour*. *

Me. ARGANT.

Oui mon cher ami.

* Terme de Trictrac.

M. ARGANT.

Hun !... & mon souper ?

Me. ARGANT.

Vous n'aviez pas dit que vous reviendriez.

M. ARGANT.

Qu'est-ce que cela fait ?

Me. ARGANT.

Nous ne vous attendions pas.

CRISPIN.

Oui, Madame & moi nous avons mangé chacun notre pomme cuite. (*à part.*) le voilà bien puni de ses soupçons.

M. ARGANT, *à part à Crispin.*

Ecoute, n'est-il venu personne ici.

CRISPIN.

Non, Monsieur, si ce n'est un Soldat qui est venu loger par étape.

M. ARGANT.

Qu'est-ce que c'est que ce Soldat ?

CRISPIN.

Ce Soldat ? c'est un Soldat.

SCENE XIV.

Mr. & Me. ARGANT, CRISPIN, LE SOLDAT.

LE SOLDAT.

Votre serviteur, mon cher hôte.

M. ARGANT.

C'est donc là lui ?

LE SOLDAT.

Je vous demande pardon, si je vous importune, mais ce n'est pas ma faute.

M. ARGANT.

Oh, Monsieur, il n'y a pas de quoi.

LE SOLDAT.

Voici l'ordre qui me procure l'honneur de vous faire la révérence.

M. ARGANT *lit le billet.*

C'est à merveille, vous a-t-on donné une chambre ?

LE SOLDAT.

Oui Monsieur.

M. ARGANT.

Hé bien ! allez-vous coucher. Bonsoir.

LE SOLDAT.

J'y ai déja été, mais il y a une chose qui m'empêche de dormir.

M. ARGANT.

Qu'est-ce que c'est ?

LE SOLDAT.

C'est que je n'ai pas soupé.

Mr. ARGANT.

Le grand malheur ! il faut bien que je me couche sans souper, moi.

LE SOLDAT.

C'est ce que je ne souffrirai pas & pour reconnoître la grace que vous me faites, il faut que je vous donne un plat de ma façon.

M. ARGANT.

Vous voulez plaisanter, je crois.

OPÉRA-COMIQUE.

LE SOLDAT.

Non vraiment, je ne plaisante point. Tel que vous me voyez, écoutez que je vous dise, (*à demie voix*) j'ai l'honneur d'être un peu sorcier.

M. ARGANT.

Un peu sorcier !

LE SOLDAT.

Je ne dis pas cela à tout le monde, mais vos belles façons m'ont gagné le cœur, & je veux absolument vous donner à souper.

M. ARGANT.

A moi ?

LE SOLDAT.

A vous, à Madame, & nous nous réjouirons.

M. ARGANT.

Où le prendrez-vous ?

LE SOLDAT.

Ici, vous allez voir.

Air : *Du Précepteur d'Amour.*
Cherchons le point de l'Orient.
(*Il trace un cercle avec son sabre.*)
Surtout que personne n'avance.
(*il se met au milieu du cercle & dit avec emphase.*)
Gaddem. Trink Meinher, Hircoglan.

M. ARGANT.

Est-ce fait ?

LE SOLDAT *d'une voix rude.*

Gardez le silence.

LE SOLDAT MAGICIEN,

RÉCITATIF.

O vous qui préſidez aux repas des gourmands,
Maîtres d'Hôtel, Officiers, Intendans,
Dont le nombre en Enfer, ainſi que dans ce monde
abonde.
Démons ſoumis à mes loix,
Accourez à ma voix,
Quittez un moment la cuiſine
De Proſerpine,
Pour aſſouvir la faim canine
D'un honnête Bourgeois.
Dans ce buffet que l'on trouve à l'inſtant
Un alloyau ſucculent,
Deux Lapins de garenne,
Un paté de Perdrix,
Un Gigot en hachis,
Et d'Ortolans une douzaine ;
Joignez ſix bouteilles de vin
Du Bourgogne le plus fin :
Pour le deſſert vin de Champagne
Et d'Eſpagne,
En eſt ce aſſez ?
(*Les autres répondent oüi par ſigne.*)
C'en eſt aſſez,
Démons obéiſſez.

ARIETTE.

Ouvrez, ouvrez,
Et par l'effet vous jugerez ;
Si ma parole
Eſt frivole,
Rien ne balance
Ma puiſſance,

Ouvrez,

OPERA-COMIQUE.

Ouvrez, ouvrez,
Par l'effet vous en jugerez.

CRISPIN.
Je n'ose pas.

Me. ARGANT.
Ni moi.

Mr. ARGANT *tremblant.*
Ah! Je n'ose pas non-plus.

LE SOLDAT *à Crispin.*
Vas donc.

CRISPIN.
J'ai trop peur.

LE SOLDAT.
Tout cela va se refroidir.

Me. ARGANT.
Je ne sçai que penser.

CRISPIN *au Soldat.*
Ouvrez vous-même.

LE SOLDAT *ouvrant le buffet.*
Voilà bien des façons. Tenez.

M. ARGANT.
Air : *Du Précepteur d'Amour.*
O Ciel !

Me. ARGANT.
Je tombe de mon haut.

D

LE SOLDAT MAGICIEN,

M. ARGANT,
Qu'est-ce que cela signifie ?

LE SOLDAT.
Mangeons pendant qu'il est chaud.

Me. ARGANT *à part.*
Ceci passe la raillerie.

LE SOLDAT.
Ne perdons point de tems, croyez-moi.

Air : *Vîte à Catin un verre.*

Çà mettons-nous à table
Et buvons à longs traits.

CRISPIN *à Me. Argant.*

Il a commerce avec le Diable,
Ou le Drôle sçait nos secrets.

LE SOLDAT *à Me. Argant.*

Air : *Tous vos apprêts.*

Ne craignez rien,
Mon dessein
N'est point de vous faire du chagrin.
Allons, Crispin,
Vîte en train,
Car je meurs de faim.
Attends, je vais t'aider.

Crispin & le Soldat couvrent la table.

OPERA COMIQUE.

M. ARGANT à sa femme.

Il faut se garder
De toucher ces mets.

LE SOLDAT.

Le vin est-il frais ?
A M. & à Me. Argant.

Venez, s'il vous plaît,
Tout est prêt.

Hé ! bien, vous n'osez pas ! il faut donc que je vous montre l'exemple.
Il se met à table.

Me. ARGANT se plaçant.

Le courage me revient un peu.

M. ARGANT voulant la retenir.

O Dieux ! est-il possible ! Ma femme !

LE SOLDAT.

Votre femme, votre femme ! elle n'en mourra pas, ni vous non-plus : faites comme elle.

Me. ARGANT se plaçant.

Soit, mais je ne mangerai pas.

LE SOLDAT MAGICIEN,
QUATUOR.

LE SOLDAT.	M. ARGANT.	Me. ARGANT.	CRISPIN.
Découpez donc.	Comment peut-on ?	Oh ! le poltron !	Cela sent bon.
Goûtez de ce mouton.	Non, non; non, non. *à Crispin.*		
Mangez donc.	Tiens, mange donc, glouton.		Cela sent bon, Fort bon,
Point de façon.		Oh ! le poltron ! Mangeons....	Très-bon.
	Je n'ai pas faim.		
Goûtons toujours le vin.			
Verse, l'ami Crispin.			Oui-dà, tout plein.
		Goûtons le vin.	
Mangez de ce lapin.	Je n'ai pas faim.		
Un peu de ce paté.		Un morceau D'aloyau.	
	Comment pouvez-vous Manger des ragoûts D'une cuisine infernale ?		
Buvons à la santé De celui qui nous régale.		Buvons à la santé De celui qui nous régale. Mangez-donc.	Buvons à la santé De celui qui nous régale.
Pour moi j'avale Jusqu'à demain.	Je n'ai plus faim.	Le tour est fin.	Pour moi j'avale Jusqu'à demain.

LE SOLDAT.

Avouez qu'il fait bon avoir des amis

par-tout : vous n'auriez pas si bien soupé, si le Diable ne s'en fût mêlé.

M. ARGANT.

Quoi ! sérieusement c'est le Diable ?

LE SOLDAT.

Vous en doutez encore, je parie que Madame a plus de confiance que vous.

Me. ARGANT.

Ah ! ne me parlez pas de cela, vous me faites des peurs terribles.

LE SOLDAT.

Oh ! ce Diable-là n'est pas méchant. Si vous sçaviez l'amitié qu'il a pour Madame.... & pour vous, vous en seriez étonné.

Me. ARGANT.

Je l'en remercie, je l'en remercie.

LE SOLDAT.

Il me prend envie de vous le faire voir.

Me. ARGANT *vivement*.

Ah ! n'en faites rien.

LE SOLDAT.

Quoi ! vous ne seriez pas bien aise de voir celui qui vous a si bien régalé !

CRISPIN *à part.*

Pour le coup ce seroit bien le Diable.

Me. ARGANT.

Et non, non, je vous prie.

M. ARGANT.

Monsieur le Magicien épargnez-moi cette vûe.

LE SOLDAT *se levant.*

C'est une chose indispensable ; ce qu'il a fait pour nous mérite bien un remerciment.

Me. ARGANT *à Crispin.*

Crispin, je suis trahie.

CRISPIN.

Maudit Soldat !

LE SOLDAT.

Ouvrez seulement toutes les portes, il s'en ira tranquillement : surtout que rien ne l'arrête, ou je ne réponds pas des suites.

CRISPIN, *ouvrant les portes.*

Oh ! s'il ne tient qu'à ça !

OPERA-COMIQUE.

LE SOLDAT.

Sous quelle forme voulez-vous qu'il paroisse?

Mr. ARGANT.

Eh! je ne veux pas le voir.

Me. ARGANT.

Je ne veux pas le voir.

LE SOLDAT.

RECITATIF.

Invisible lutin, qui tapi dans un coin,
De tout ce qui se passe, es ici le témoin;
Pour la derniere fois, écoute,
Seconde à propos mon dessein,
Ou redoute
Mon pouvoir souverain.
Tu vois bien, qu'en ces lieux tu n'as plus rien à faire;
Mais pour ne point causer de peur
A Madame, ainsi qu'à Monsieur,
Prends la forme d'un Procureur,
Elle ne t'est point étrangere;
Sors, les chemins te sont ouverts,
Sors, & retourne aux Enfers.

(*Le Procureur sort de la cheminée où il étoit caché, & s'enfuit.*)

Mr. ARGANT *épouvanté, se jette dans un fauteuil.*

Air: *Des Trembleurs.*

Je l'ai vû, mon sang se glace,
Comme il faisoit la grimace!

Crispin.... Monsieur..... Ah ! de grace,
Mes amis, secourez-moi.

LE SOLDAT à Me. Argant.

Etes-vous au fait, maintenant.

Me. ARGANT.

Oui, je commence à comprendre.

Mr. ARGANT.

Suite de l'air.

Chere femme !....

Me. ARGANT *affectant la plus grande frayeur, se jette aussi dans un fauteuil.*

Ah ! je me pâme.

CRISPIN.

La voilà. La bonne Dame
N'en peut plus.

Mr. ARGANT.

Ma chere femme !

Me. ARGANT.

Mon mari, je meurs d'effroi.

Mr. ARGANT *toujours assis.*

Air : *Des échos Italiens.*

As-tu remarqué sa forme ?

Me. ARGANT.

Sa forme !

Mr. ARGANT.

As-tu vu sa tête énorme ?

Me. ARGANT.

Enorme !

Mr. ARGANT.

De ses yeux,
Sortoient des feux.

OPERA-COMIQUE.

Me. ARGANT.
Des feux !

Les Autres *riant*.
Des feux !

Mr. ARGANT.
Quel aspect funeste !

Tous trois,
Peste ! peste !

Mr. ARGANT.
Ah ! je suis mort.

Me. ARGANT.
Quoi !

Mr. ARGANT.
Je croi,
le voir encor.

Me. ARGANT, *criant*.
Encor !

Mr. ARGANT.
Encor.

Les Autres *riant*.
Encor !

LE SOLDAT.
Ne craignez rien, il est sorti, pour ne plus revenir.

SCENE XV.

Les mêmes, LE TRAITEUR.

CRISPIN *voyant entrer le Traiteur*.

EH ! non, non, le voilà.

Mr. ARGANT.
Qui ? quoi ? qu'est-ce ?
CRISPIN à part.
Quel embarras ! (à Me. Argant.) Le Traiteur.....
Me. ARGANT.
Est-ce que tu ne l'as pas payé ?
CRISPIN.
Jarni, je l'ai oublié.
LE TRAITEUR à Mr. Argant.
Monsieur.....
LE SOLDAT à part.
Je ne m'attendois pas à cela.
Mr. ARGANT.
Que voulez-vous ?
LE TRAITEUR.
Je viens sçavoir si vous êtes content.
Mr. ARGANT.
De quoi ?
LE TRAITEUR.
De votre souper.
Mr. ARGANT.
Qu'est-ce que cela veut dire ?
LE TRAITEUR.
Cela veut dire, que je viens voir si vous êtes content de votre souper, & que je vous en apporte le mémoire.

Mr. ARGANT *au Soldat.*
Mr. le Magicien ?....

Le SOLDAT *embarrassé.*

J'entends bien.... Le mémoire....
(*à part.*) Me voila pris.

Mr. ARGANT.
Vous disiez que c'étoit le Diable.

LE SOLDAT.
Sans doute.... En voilà bien la preuve.

CRISPIN *à part.*

Oh! sûrement, le Diable ne me feroit pas plus de peur.

Me. ARGANT *au Soldat.*
Comment sortir de ce pas?

LE SOLDAT *à Mr. Argant.*

Je vous ai fait donner à souper, mais je ne vous ai pas dit qu'il ne vous en couteroit rien.

LE TRAITEUR.
Cela ne seroit pas juste. Monsieur, voici les articles.

Mr. ARGANT *reculant.*
Ne m'approchez pas.

LE TRAITEUR.
Hé-bien, je vais vous les lire.

QUINQUE.

LE TRAITEUR.	Mr. ARGANT.	CRISPIN & Me. ARGANT.	LE SOLDAT.
Plus, pour un aloyau de huit livres, dix francs.			
Plus, pour deux lapins de garenne, Quatre livres dix sols...	Quelle chienne d'antienne!	Monsieur le Magicien, Tirez nous donc d'affaire.	Ma foi, je n'y puis rien. Je ne sçais comment faire.
Plus, pour douze ortolans, Dix-huit livres...	C'est trop!....	Cherchez quelque moyen.	
Item. Un pâté de perdrix, Fourniture & façon, marché fait, un louis	Un pâté d'un louis!		
Plus, un gigot, six francs...			
Cent sols pour le dessert.	C'est trop cher;		
Monsieur, c'est tout en conscience.	Homme ou Diable, en un mot, c'est trop cher de moitié.	(CRISPIN.) Oui, c'est une pitié.	
C'est tout en conscience.	Vous vous moquez je pense, Les Diables en ont ils?...	(CRISPIN.) Les Traiteurs encor moins.	
Cessons ce badinage. J'ai, pour vous bien servir, employé tous mes soins. Payez moi mon mémoire, ou je ferai tapage. Payez moi, [bis.] Sans en rabattre un sou.	Non ma foi, non ma foi. Je ne suis pas si fou.	Payez le, croyez moi. Il vous tordra le cou.	Payez le, croyez moi. Il vous tordra le cou.

Mr. ARGANT.
Voilà bien des raisons; Crispin, mets cet homme-là dehors.

CRISPIN.

Mais, si c'est un Démon.

Mr. ARGANT.

Bon ! bon ! je ne donne pas là-dedans.

CRISPIN.

Attendez, attendez, nous le verrons bien. (*bas aux autres.*) Tirons nous de-là comme nous pourrons.

LE TRAITEUR.

Ça ne convient pas, entendez-vous, Monsieur ?

CRISPIN, *fierement.*

Veux-tu t'en aller.

LE TRAITEUR.

Non. Je veux de l'argent.

CRISPIN.

Veux-tu t'en aller, te dis-je.

(*Il fait semblant d'être brûlé en touchant le Traiteur.*)

ARIETTE.

Ahi, ahi, je suis brulé,
Je suis ensorcelé,
Va, fuis,
Maudit lutin,
Diable malin,
Qui nous poursuis ;
Retourne tout à l'heure
Dans ta sombre demeure ;
Ne reparois jamais céans,
Et laisse en paix les gens.

LE TRAITEUR.

Tout le monde est fou dans cette maison.

CRISPIN.

Ma foi, Monsieur, le plus court est de le payer.

Mr. ARGANT.

Le scélerat !

LE TRAITEUR.

N'est-ce pas une honte de retenir le salaire des pauvres gens comme nous, qui sommes continuellement dans le feu ?

Me. ARGANT.

Vous l'entendez !

LE SOLDAT.

Je vous le disois bien que c'étoit un Démon.

Mr. ARGANT

Hé ! bien, que faut-il faire ?

LE SOLDAT.

Donnez lui ce qu'il demande, il s'en ira.

Mr. ARGANT.

Je m'en vais chercher de l'argent.

LE TRAITEUR.

Faut-il vous suivre ?

Mr. ARGANT.

Non, non.... Monsieur, retenez-le, je vous en prie.

LE SOLDAT, *au Traiteur*.

Si tu bouges d'ici.

LE TRAITEUR.

Non, Monsieur, non.

OPERA-COMIQUE.

CRISPIN, *à Mr. Argant.*

Voyez vous comme le Magicien lui en impose.

(*Mr. Argant sort.*)

LE SOLDAT, *à Crispin.*

Ah! çà, crainte de nouvel accident; paye cet homme-là & renvoye-le.

CRISPIN.

Le payer, avec quoi?

LE SOLDAT.

Eh! avec l'argent que tu as reçu du Procureur.

Me. ARGANT.

Comment, petit drôle!

CRISPIN, *à part.*

Pour le coup, je crois qu'il est sorcier tout de bon. (*Il paye le Traiteur.*)

LE TRAITEUR.

Adieu.... Ah, ah, ah.....

SCENE XVI.

Mr. & Me. ARGANT, CRISPIN, LE SOLDAT.

LE SOLDAT.

Hé! bien, Madame, êtes-vous contente?

Me. ARGANT.

Assurément ; mais par quel hazard étiez-vous si bien instruit ?

LE SOLDAT.

J'avois tout vû de la chambre où vous m'aviez mis.

Me. ARGANT.

De là-haut ?

LE SOLDAT.

Oui, par cet endroit où le plafond est endommagé.

CRISPIN.

Ah ! c'est vrai, je l'avois déjà remarqué.

M. ARGANT, *revenant avec de l'argent, ne voyant plus le Traiteur.*

Tenez, voilà votre argent.... Où est-il donc ?...

LE SOLDAT.

Par le pouvoir de mon art, je l'ai fait sortir comme il étoit entré.

Mr. ARGANT.

Ah ! Monsieur, vous ne sçauriez croire le service que vous venez de me rendre ;... mais puisque vous avez tant de pouvoir sur les Démons, pourriez vous en réduire un qui me fait enrager continuellement ?

LE

LE SOLDAT.

Qui?

Mr. ARGANT.

Ma femme.

Me. ARGANT.

Je ne vous demande rien pour mon mari; car je défie tout votre pouvoir d'en faire un homme aimable.

LE SOLDAT.

La chose est possible de part & d'autre.

Air : *Au bord d'un clair ruisseau.*
Elle dépend de vous.
Or, voici ma recette.
(*à la femme.*) Vous, soyez moins coquette;
Il sera moins jaloux.
(*au mari.*) Vous, quand vous serez moins
Triste, chiche & severe.
Votre épouse à vous plaire
Employera tous ses soins.

Me. ARGANT, *bas au Soldat.*

Si vous n'êtes pas sorcier, vous êtes du moins de bon conseil, & (*haut*) de tout mon cœur, je suivrai vos avis.

Mr. ARGANT.

Et moi de même, je vous en reponds.

LE SOLDAT.

Amnistie générale des deux côtés. Embrassez vous, & ne songeons qu'à nous réjouir.

E

QUATUOR.

TOUS.

Dans { notre / votre } ménage
Désormais,
Faisons / Faites } régner la paix.

CRISPIN.
Nous allons vivre en paix.

LE SOLDAT.
En mari sage
Prêtez vous à ses goûts
En femme sage,
Prévenez votre époux.

Mr. & Me. ARGANT. Ensemble. } Oui, oui, je le promets.

TOUS.
Dans { votre / notre } ménage
Désormais,
Faisons / Faites } régner la paix.

CRISPIN.
Nous allons vivre en paix.

FIN.

LE SOLDAT MAGICIEN,

rotte, La pou- let- te, la pou- let- te,

D'a-bord les re- jette, les re- jet- te,

les re- jet- te; Puis elle y prend

gout, elle y prend gout; Elle

plante là son hi- bou, son hi- bou, son hi-

bou, Et s'en va chanter Co, co det- te, Co,

co, co, co, co, co, co dette, Co, co, co, co,

OPERA-COMIQUE. 69

co, co, co dette, Tandis qu'il fait seul le cou-

cou, cou-cou, cou-cou, cou-cou, coucou, cou-

Andante.

cou, coucou, cou-cou. Femme qu'on of-

fen-se, Songe à la ven-gean-ce, Femme

qu'on of- fen-se se venge à la fin,

L'Epoux le plus fin, Veut lu-ter en-vain,

Contre son mau-dit des-tin, Par sa dé-fi-

E iij

LE SOLDAT MAGICIEN,

ance, Des malheurs qu'il craint tant, Il pres-se le mo-ment, le mo-ment.

Allegro.

Galans Sé-dui-sans Lui content fleu-rette, La pou-lette, la pou-lette, D'a-bord les re-jette, les re-jette, les re-jette; Puis elle y prend gout, elle y prend gout, Elle plante là son hi-

OPERA-COMIQUE. 71

bou, son hi-bou, son hi-bou, Et s'en

va chanter Co, co det-te, Co, co, co, co,

co, co, co dette, Co, co, co, co, co, co, co

dette, Tan-dis qu'il fait seul le cou-cou,

Tan-dis qu'il fait seul le cou-cou, cou-cou,

cou-cou, cou-cou, cou-cou, cou-cou, cou-

cou, cou, cou.

E iv

OPERA-COMIQUE.

74 *LE SOLDAT MAGICIEN;*

ah! la pau-vrette Ne fçait gue-re
ce qu'elle fait, La pau-vrette, la pauvrette Ne fçait gue-re ce qu'elle fait.

N° 3. *Amorofo.*

L'Himen eft à crain-dre,
Un cœur eft à plaindre De fen-
tir fes coups, De fa fauffe y-
vref-fe, Des traits dont il bleſ-fe,

FIN.

Vû l'Approbation permis de représenter & imprimer, à la charge d'enregistrement à la Chambre Syndicale ; ce 14 Août. 1760. DE SARTINE.

Le Privilege & l'Enregistrement, se trouve à la fin du Recueil des Opera-Comiques.

Suite des Comédies Françoises & Italiennes, Parodies & Opéra-Comiques qui se vendent détachées.

De M. FAVART, avec la Musique du Théâtre Italien.

Hippolite & Aricie.
Les Amans inquiets.
Les Indes dansantes.
Musique des Indes dansantes.
Les Amours champêtres.
Fanfale, Parodie.
Raton & Rosette.
Musique de Raton & Rosette.
Tircis & Doristhée.
Bajocco, Parodie.
Les Amours de Bastien & Bastienne.
Zéphyre & Fleurette.
La Fête d'Amour, Comédie.
La Bohemienne, Comédie.
La Musique de la Bohem. 2 Parties.
Les Chinois.
La Musique des Chinois.
Ninette à la Cour.
La Musique de Ninette, 4 parties.
Les Ensorcelés, ou Jeannot & Jeann.
La Nôce interrompue.
La Fille mal gardée, Parodie.
Musique de la Fille mal gardée.
La soirée des Boulevards.
Supplément à la Soirée des Boulevards.
La Musique de la soirée.
Petrino, Parodie de Proserpine.

Operas Comiques & Parodies du même.

Le Bal Bourgeois, Opera Com.
Moulinet premier.
La Servante justifiée, Opera Com.
La Chercheuse d'Esprit.
Le prix de Cythere.
Dom Guichotte, Opera.
Le Coq du Village.
Les Batteliers de S. Cloud, Op. Com.
Acajou, Opera Comique.
Musique d'Acajou.
Amours Grivois.
L'Amour au Village, Opera Com.
Thétée, Parodie.
Le Bal de Strasbourg.
La Coquette sans le sçavoir, Op. C.
La Coquette trompée, Opera C.
Cythere assiégé, Opera Comique.
Musique de Cythere assiégé.
Les jeunes Mariés, Opera Comique.
L'Amour impromptu, Parodie.
Les Nymphes de Diane, Op. Com.
Musique des Nymphes de Diane.
Le Mariage par escalade, Op. Com.
La Répétition interrompue, Op. C.
Le Retour de l'Opera Comique.
Départ de l'Opera-Comique.
La Ressource des Théâtres.

De M. VADÉ, avec les airs notés.

La Fileuse, Parodie.
Le Poirier, Opera Comique.
Le Bouquet du Roi.
Le Suffisant.
Les Troqueurs & le Rien, Parodie.
Airs choisis des Troqueurs.
Le Trompeur trompé.
Il étoit tems, Parodie.
La nouvelle Bastienne.
Les Troyennes de Champagne.
Jerôme & Fanchonnette, Parodie.
Le Confident heureux.
Follette ou l'Enfant gâté.
Nicaise, Opera Comique.
Les Racoleurs, Opera Comique.
L'Impromptu du cœur.
Le mauvais plaisant, Opera Com.
La Canadienne, Comédie.
La Pipe cassée, Poëme.
Les Bouquets Poissards.
Les Lettres de la Grenouillere.
Le Tome quatriéme, contenant les Amans constans jusqu'au trépas, des Fables & Contes.
Le Recueil de Chansons avec la Musique.
La Veuve indécise, Parodie.
La Folle raisonnable, Opera Com.
Le Serment inutile, Comédie.
La Dupe de sa rusé, Comédie.
Le faux Ami, Comédie.

De M. ANSEAUME.

Le Monde renversé.
Bertholde à la Ville, avec les Ariettes.
Le Chinois poli en France.
Les Amans trompés, Opera Com.
La fausse Aventuriere.
Le Peintre amoureux de son Modele.
Le Docteur Sangrado, Opera Com.
Le Medecin d'Amour.
Les Ariettes du Medecin d'Amour.
Cendrillon, Opera Comique.
L'Ivrogne corrigé, Opera Comique.
Ariettes de l'Ivrogne corrigé.
Le Maître d'Ecole, Opera Comique.
Le Procès des Ariettes, Op. Com.

Suite des Opera Comiques de differens Auteurs.

Le Troc, Parodie des Troqueurs avec la Musique, 3 liv. 12 sols.
Le Retour favorable.
La Rose ou les Fêtes de l'Hymen.
Le Miroir Magique.
Le Rossignol, avec la Musique.
Le Dessert des Petits Soupers.
Le Calendrier des Vieillards.

La Coupe enchantée.
Les Filles, Opera Comique.
Le Plaisir & l'Innocence.
Les Boulevards.
L'École des Tuteurs.
Zephire & Flore.
La Péruvienne.
Les Fra-Maçonnes.
L'Impromptu des Harangeres.
La Bohemienne, avec la Musique.
Le Diable à quatre, avec les Ariettes.
Les Amours Grenadiers.
La Guirlande.
Le Quartier-Général, Opera Com.
Le Faux Dervis, Opera Comique.
Le Nouvelliste, Opera Comique.
Gilles, Garçon Peintre.
Le Magazin des Modernes.
L'heureux Déguisement.
Les Ariettes de l'heureux Déguisem.
La Parodie au Parnasse.
Blaise le Savetier, Opera Comique.
La Musique du même.
Le Maître en Droit.
Ariette du Maître en Droit.
Le Soldat Magicien, Op. Com.

Choix de Piéces du Théâtre de Campagne, représentées dans les sosietés, in-8°.

Les deux Biscuits, Tragédie.
L'Eunuque, Parade.
Agathe, ou la chaste Princesse, Parade.
Syrop-au-cul, Tragédie.
Le Pot-de-Chambre cassé.
Madame Engueule, Parade.

Théâtre Bourgeois, in-12.

Le Marchand de Londres, Tragédie.
Momus Philosophe, Comédie.
L'Electre d'Euripide, Tragédie.
Abaillard & Héloïse.
L'Orphelin, Tragédie Chinoise.
La Mahonnoise, Comédie.
La Méchanceté, Parodie d'Astarbé.

PIECES ANCIENNES DETACHÉES.

Tragédies.

Andromaque, Tragédie.
Ariane, Tragédie.
Athalie, Tragédie sainte.
Catilina, Tragédie.

Cinna, Tragédie.
Electre, *de Crébillon.*
Electre *de Longepierre.*
Esther, Tragédie.
Iphigénie, Tragédie.
Manlius, Tragédie.
Médée, *de Longepierre*, Tragédie.
Penelope.
Polieucte, Tragédie Sainte.
Pirrhus, *de Crébillon.*
Rhadamiste & Zénobie.
Rodogune, Tragédie.

Comédies par assortiment.

Aveugle clair-voyant.
Amour Medecin.
Andrienne.
Bon Soldat.
Comédie sans titre, ou le Mercure.
Coupe enchantée.
Cocher, Comédie.
Cocu imaginaire.
Crispin Médecin.
Deuil, Comédie.
Epreuve réciproque.
Esope à la Cour.
Esope à la Ville.
Esprit Follet.
Faucon, Comédie.
Femmes sçavantes.
Femme Juge & Partie.
Galand Coureur.
Galand Jardinier.
Homme à bonnes fortunes.
Joueur, *de Regnard.*
Mari retrouvé.
Mere Coquette.
Le Méchant, Comédie.
Médée & Jason, Parodie.
Muet, Comédie.
Nouveauté, Comédie.
Le Nouveau Monde.
Retour imprévu.
Sicilien ou l'Amour Peintre.
Trois Cousines.
Turcaret, Comédie.
Venceslas, Comédie.
Vendanges de Surenne.

Opera Comiques.

Le Retour du Printems.
L'Amante retrouvée, Opera Com.
Les quatre Mariannes, Opera Com.
Les Pelerins de la Mecque, Opera C.
La Magie inutile.
Les Bergers de qualité, Parodie.

On trouve chez le même Libraire un assortiment général de tous les Théâtres & Pièces détachées, tant anciennes que nouvelles, avec leurs Divertissemens, & plusieurs Livres d'assortiment, anciens & nouveaux, tant de Paris que des Pays Etrangers, & plusieurs Livres de Musique relative aux Pièces de Théâtre, &c.

www.ingramcontent.com/pod-product-compliance
Lightning Source LLC
Chambersburg PA
CBHW070455170426
43201CB00010B/1344